靈修著作精選 | 盧雲系列 |

盧雲 著／黃大業 譯

祢已將哀哭變為跳舞

在時艱中尋找盼望

基道出版社

▼

靈修著作精選 • 盧雲系列

祢已將哀哭變為跳舞

在時艱中尋找盼望

Turn My Mourning into Dancing

Finding Hope in Hard Times

作者
盧雲 Henri J. M. Nouwen

譯者
黃大業

責任編輯
余雪

裝幀設計
奇文雲海 · 設計顧問

■

出版 / 發行
基道出版社
香港沙田火炭坳背灣街 26 號富騰工業中心 10 樓 1011 室
LOGOS PUBLISHERS
Unit 1011, 10/F, Fo Tan Ind. Centre, 26 Au Pui Wan St., Shatin, Hong Kong
電話：(852) 2687-0331 傳真：(852) 2687-0281
網址：https://www.logos.com.hk

承印
陽光（彩美）印刷有限公司

●

10/2018 初版
Cat. No. LP669
ISBN: 978-962-457-575-0

刷次	12	11	10	9	8	7	6	5	4	3
年份	2031	2030	2029	2028	2027	2026	2025	2024	2023	2022

目 錄

鳴謝

我要向盧雲文獻中心（Henri Nouwen Literary Centre）的萊特（Maureen Wright）和素兒·莫絲塔娜（Sue Mosteller），以及多倫多聖米迦勒大學凱里圖書館盧雲檔案室（The Henri J. M. Nouwen Archives and Research Collection, John M. Kelly Library, University of St. Michael's College in Toronto）的安雪兒（Gabrielle Earnshaw）致以萬分謝意。無庸諱言，若沒有他們的幫助，本書肯定無法完成。我也要向莫格巴（John Mogabgab）致謝，他的勉勵暖人心窩；還有鍾納思（Robert Jonas）允許我們分享他的故事，在此一併謝過。

緒言

我很早就告訴自己:「只在盧雲檔案室搜尋材料是不管用的。」要編寫本書，我必須「把船開到水深之處」。

當然，我預計了要翻閱、整理數以百頁計的課堂筆記及講道手稿——這些盧雲遺物存於檔案室大大小小的盒子裏。這些功夫不用多說。而我也滿有信心，這位已故神父兼作家的未出版材料足以編成一本新書。我閱讀盧雲著作幾十年了，其中關乎今日貧困世界中的靈命操練與事奉的委實不少，這反映他確實重視禱告，也對人性有透徹的卓見。這都是我已經知道的。不過我也想對盧雲這個人有更立體的認識。在我翻看檔案室的資料時，我更想從字裏行間之外，感應盧雲的牧者心腸。

意想不到的機會出現了。我朋友莫格巴——他曾是盧雲在耶魯神學院的助教，如今是享譽業界的《交織》季刊（*Weavings*）的編輯——建議我探訪「黎明之家」（Daybreak），就是盧雲在生命最後十年承擔牧職的服事嚴重殘疾者的羣體。黎明之家離檔案室不遠，所以此事其實順理成章。我打算花一個禮拜的白天時間在聖米迦勒大學凱里圖書館搜集資料，黃昏去黎明之家與盧雲的同工交談，面晤羣體成員，與「核心成員」及其助手共膳，甚至入住「香柏」（Cedars）——昔日盧雲創建的院舍兼圖書館，也是他居住及寫作的所在。

那幾天我有機會知道書本背後的盧雲的許多事——從我踏出機場的那一刻開始。嘉芙（Kathy）是盧雲在世最後幾年的祕書，她來機場接我，開車送我到黎明之家。記得她在機場舉著一個牌子，寫道：「黎明之家歡迎提摩太到訪。」他們的確令我賓至如歸。素兒是盧雲的遺囑執行人，她和黎明之家的成員將我領到他們的崇拜聚會、院舍，與他們共晉晚餐，還有在影印機周圍興之所至地閒聊。

嘉芙、素兒和其他成員讓我有機會瞥見一個時刻向受傷靈魂敞開內心的人究竟是何模樣。盧雲的人生滿有精力與神采，他經常花許多時間講電話，與有深切需要的人交談；這些人與盧雲素未謀面，而大多數公眾人物根本不理會他們。

黎明之家呢？許多年前，盧雲曾經向哈佛大學申請休假，去了法國小鎮特羅斯利（Trosly-Breuil）寫作。特羅斯利是「方舟團契」（L'Arche）首個服事殘疾人士的地方。那一次盧雲有「歸家」的感覺，以至在一九八六年接受邀請，成為加拿大多倫多近郊黎明之家的司鐸（編按：神父職務的正式名稱）。他自己及他許多朋友都說，他加入黎明之家，代表他的歸家。這個曾經在美國幾所名校——聖母大學、耶魯大學、哈佛大學——教過最聰明且善於辭令的學生的神學教授，卻在生命最後十年，以溫柔的同在（有時也充滿張力），還有簡單直接的牧者恩言，開展深刻的職事。他的寫作不曾間斷，影響力也不斷在諸般的弔詭中加增——似乎真正的偉大人物，總是與弔詭為伍。

盧雲在一九九六年離世，惟人們對他著作的興趣與日俱增。我認為箇中關鍵，遠不止於他的能言善道，或他的耀眼成就。我覺得最重要的因素，是人們很想探究盧雲這個人是誰：他的心向上帝是敞開的，也向他的朋友和讀者敞開。盧雲是複雜的，他的故事未完待續——他自知這一點，也從不自我掩飾。然而他也知道：總有事奉留待人去做，總有患難要人關注，總要有人將盼望帶到最幽暗的地方。

以上種種，希望可以幫助讀者更明白本書信息。本書從眾多的講道、課堂講義、筆記輯集而成，它為我們提供另一扇窗戶，讓我們一窺這位稍稍駝背、大發熱心的靈修大師的健筆與生命。我們看著這位生命記錄者描述與上帝同在的璀璨人生的同時，惟願我們的哀愁，也可以化為盼望，化為喜樂。

提摩太・鍾思（Timothy Jones） 謹識

二〇〇一年秋

譯者言

又一本盧雲作品中譯本面世，這次是舊作新譯，十七年前的舊作，在盧雲離世五年後，由他未出版的文章、講章、筆記輯錄而成，書名「祢已將哀哭變為跳舞」，副題「在時艱中尋找盼望」。從編者〈緒言〉所見，書成於二〇〇一年秋。二〇〇一年秋，美國發生震驚世界的「九一一恐襲事件」，論時艱，其時應該無出其右吧。

盧雲在書中的信息，緊扣盧雲作品一貫的主題：我們是蒙上帝所愛的兒女，不論在甚麼景況中，也切莫忘記這個最重要的身分。〈導論〉是盧雲好友鍾納思的喪女經歷，由此提到耶穌的母親馬利亞的喪子經歷，然後是基督的應許、天父的應許：我們的哀哭，終有一天會化為跳舞。這道理人人都知，人人會講，但如何落實在現實的處境中？

現實是一個充滿傷痛的世界，有生離死別，有天災人禍，無奈與無常，罪惡與軟弱……基督預言的永生窄路，會否窄得我們通不過，走不完？

盧雲作品的魅力，在於他的直率與洞澈，理論與實踐，既有清晰的道理框架，亦有動人的親身經歷，讓你知道講述這些大道理的這個人，本身也經歷了實實在在的掙扎。他受過苦，傷過痛過，犯過錯，跌過哭過，至終體會恩典的喜樂。他的道理一點不抽象，是手畫的導遊圖，而非出版社大量印製的旅遊指南。

十七年後的今天，二〇一八年秋，一個資訊爆炸、社交媒體佔據人靈魂的年代。喜怒哀樂瞬息萬變，人的情感難以跟上。永不關掉的手機屏幕，不斷傳來最惹笑、最恐怖、最窩心、最刻毒、最精警、最無聊、最屬靈、最世俗……的信息，看得太多、聽得太多的結果，是心思麻痺。我想起耶穌基督的話：

> 我可用甚麼比這世代的人呢？他們好像甚麼呢？
> 好像孩童坐在街市上，彼此呼叫說：
> 我們向你們吹笛，你們不跳舞；

我們向你們舉哀，你們不啼哭。

（路七 31～32）

原來能夠在該跳舞時跳舞，該哀哭時哀哭，已經是一種難得的智慧。盧雲在本書亦論到真誠面對自己真實情感的不簡單。上帝造人有七情六慾，喜怒哀樂，這本身已是一種啟示。所謂「將哀哭變為跳舞」，按盧雲的解讀，決非自欺欺人的淺薄宗教畫皮，而是我們在深深體味人間苦難之後，憑著上帝的應許與恩典領受的一份禮物。「在地若天」未必是人皆可抵的境界；「在地望天」應該是比較合理的期待吧？終有一天，哀哭會化為跳舞，非人力所致，乃上帝應許。

黃大業　謹識

二〇一八年秋

導論：傷痛世界中的盼望

今天下午，我的好友鍾納思來電，他聲線發顫，欲言又止。他終於告訴我說，他女兒出生四個鐘頭後夭折了。「瑪嘉烈（譯註：鍾納思的妻）、森兒（譯註：鍾納思的三歲兒子）和我，一直等著這新生命來臨啊……」他說。「她是早產兒，經緊急剖腹手術出生，看來似乎沒有問題……」不過其後利百加（譯註：嬰孩的名字）的生命徵象急轉直下，最終搶救無效。

在深切治療病房，鍾納思和瑪嘉烈將女兒緊抱在懷。然後一切都結束了。鍾納思告訴我，他有為嬰孩禱告，並在她額上畫十字。

鍾納思接著告訴我的話，教我震撼不已。「當開車離開醫院時，我不斷對上帝說：『你賞賜了利百加給我，現在我將她交回給祢！不過，對美好將來的憧憬畢竟被切斷了。失去她，我很難過，也很空虛。』」

我無言以對，搜索枯腸，想說點甚麼回應。我不想壓抑他的哀慟，但同時不想他在哀慟中得不到安慰。我對他說：「利百加是你的女兒，也是瑪嘉烈的女兒，這是永不改變的事實。森兒有個妹妹，也是永不改變的事實。利百加只得幾個鐘頭壽命，但這些時間不是徒然的，你們的禱告也不是徒然的，她如今在上帝的永恆懷抱之中。」

我們談了很久。我知道自己能夠給予他的安慰十分有限。其實那一刻，他與我最想做的事，不過是相擁痛哭吧！在那樣的時刻，友情顯得何等重要！

然後我又落入疑惑——也許在我們與哀慟正面交鋒，又節節敗退時，總難避免身陷疑惑吧：為甚麼會發生這樣的事？為了彰顯上帝的榮耀？為了提醒我們生命的脆弱？為了加增在世者的信心？當萬事看來黯淡無光，面對上述詰問，實在難以給出任何肯定的答案。

我想像著瑪嘉烈和鍾納思將利百加抱在懷內的情狀，不期然想到耶穌的母親：許多畫作及塑像，總是描述她如何抱著她兒子那軟弱無力、了無生氣的屍體。她並非孤苦無依，或徹底失望，但親眼看著兒子死在十字架上，這是何等的煎熬！我念及瑪嘉烈和鍾納思這兩個朋友，不斷向上帝禱告。

我們遭逢患難，需要的不只話語，甚至不只屬靈言詞。甘詞美言，紓解不了心底的苦痛。不過的確有個信息，可以引領我們渡過艱困；那是一個邀請，讓我們將哀傷化為醫治之處，在愁苦中將苦痛變做舞蹈。耶穌曾經提及「有福的」是誰呢？其中有「哀慟的人」（太五 4）。我們要學習坦然面對——而不是逃避——自己的失落。如果能夠堅拒以否定態度迎見人生苦痛，也許就能發現始料不及之事。能夠邀請上帝進到我們的逆境中，也就能夠將人生——甚至它的慘澹時刻——建基於喜樂與盼望之上。當我們不再緊抓自己的人生，就反而能夠領受上帝的賜予——它超過我們己力所能攫取的。我們也能夠學會如何愛人更深。

怎樣能夠學會如此行？我們很多人有個誤會，以為在患難中惟一重要的事，就是盡快解除箇中苦痛。我們都千方百計地逃離苦痛！但當我們學會經歷患難，而不是避開患難，就學會懷抱另一態度迎見患難。我們變得願意領受患難給我們的功課。我們甚至開始發現，上帝怎樣使用苦難去成就更大的事。患難不再是我們必須設法逃離的麻煩或詛咒，卻反而成了通往上帝深渺旨意的途徑。最終，哀慟令我們能夠在施行醫治的上帝跟前，坦然面對那傷害我們的事物。

這當然不容易。這支舞蹈的舞步，通常不會毫不費勁而學得。我們可能需要勉力練習。由此，這本小書將告訴你五個舞步，讓你的生命植根於上帝。這些舞步不能消除你的苦痛，也不意味著你可以期望不再經歷死蔭幽谷或漫長暗夜。不過，這些上帝所編的醫治舞蹈的舞步，讓我們在諸般可能傷及身心的患難中，依然能夠優雅前行；又讓我們在百樣可能擊潰自我的絕望中，仍舊可以謹守忍耐。至終，我們能夠尋獲醫治，讓受傷心靈再次起舞，甚至無懼患難與死亡，因為我們學會了懷抱不死的盼望而活。

在艱苦中須堅持的五個舞步

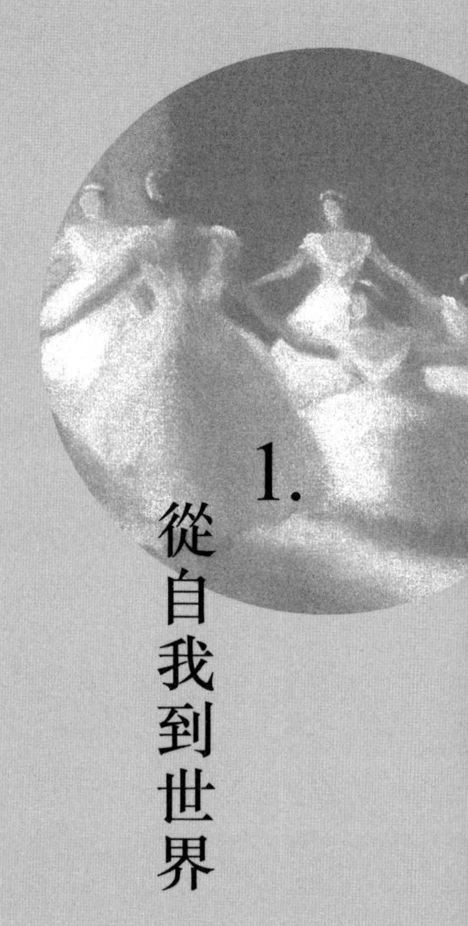

1. 從自我到世界

黎明之家是我牧養過的羣體，一個專志服事殘疾人的羣體。記得我剛到黎明之家的日子，卻是朝夕飽受傷痛煎熬，不能自已。多年來我都在學術圈打滾，及後在中美洲貧窮人中遊走，又在世界各地講述所見所聞——可是這些至終竟然令我懷憂喪志。我的日程表填得密密麻麻，排山倒海。我奔走於一場又一場演講會，卻未能逃離心中的喧騰，反而加劇當中的天人交戰。亦因為日程表密密麻麻，我根本無法好好面對心中的痛楚，卻終日哄騙自己：一切仍在我掌控中！起碼，我可以避開不想面對的內心世界，以及身外的任何世事。

但來到黎明之家，耳聞目睹的，盡是這羣體的智障/殘障成員巨大的患難與苦痛，我開始漸漸以新眼光去看待自己的困厄。我意識到：我的困厄是一個大得太多的苦難的一小部分。藉此洞見，我獲得新能量，支撐我在艱苦創痛中生活。

我發覺醫治之源，在於將苦痛帶離它極度惡劣的孤絕狀況，並明白無論受的是甚麼苦，都是與全人類，以至一切受造之物一同受苦。如此，我們投身一場對抗幽暗權勢的重大戰役；我們的微小生命，投進一個更大的天地。

我在黎明之家還發現了一件事：這裏的人很少問「怎樣可以消除我的苦難？」，而是問「怎樣可以將苦難化為我成長與洞察世事的機會？」。他們當中大多數人不識字，很多人沒有自我照顧能力。他們是被世界遺棄的人，因為世界只看重健全、聰穎、健康的人。但我看見黎明之家的人不斷思考人類之苦難與上帝之苦難的關連，又讓我看見經歷苦難之道並非否認苦難，而是在苦難中全然投入生命。他們不斷問自己：怎樣可以將痛苦轉化——從漫長的阻撓化作機會。

怎樣想通這關連？怎樣做到這轉化，不再逃避箇中痛苦，轉而求上帝施行救贖，將痛苦化為福分？

數算損失

這舞蹈(譯註:參詩三十 11 上:「你已將我的哀哭變為跳舞……」)的起步聽起來很簡單,雖然頗不容易做到:上帝呼喚我們好好哀悼我們的損失。乍看之下,這是矛盾的,然而醫治與跳舞,始於正視苦痛的成因。我們要面對隱祕的損失,就是那些使我們麻木,把我們拘禁在「否認/羞恥/愧疚」牢獄中的損失。我們切莫幻想自己可以輕鬆地穿越各個難關。事實上,假若我們試圖向上帝隱藏自己故事的某些部分,又自我逃避,就無異於成為自己往事的判官。我們制限了上帝的憐憫,不讓它進到我們的恐懼中。我們努力將自己與自己的患難分割,結果也將自己的患難,與上帝為我們承受的患難分割。但其實要走出失落、傷害,必須首先經歷失落、傷害。耶穌說:「我來本不是召義人,乃是召罪人」(太九 13)。耶穌這話確認了一事:惟有敢於面對自己受傷處境的人,方可領受醫治,開展新生活。

有時候我們要問自己:究竟我們損失了甚麼。這樣做讓我們想起損失的經驗有多真實。也許你深切體會父母離世的滋味；我自己就永難忘記我母親患病過身後，我心中是何等的哀傷。我們也許嘗過兒女或朋友去世的滋味，也可能經驗過關係破裂——基於誤會、衝突、發怒——那種蝕骨椎心的感受。可能我期望一個朋友到訪，不料他忽然爽約。可能我在一個羣體演講，期望反應熱烈，不料無人作出回應。可能有人奪去我們的差事、職位、名聲。

我們可能眼見希望隨著病情惡化漸漸消歿。又或者向來可靠的人出賣我們，令我們夢想幻滅。又或者家人憤而離家出走，而我們不知道自己做錯了甚麼。偶爾我們的失落感甚至更大，譬如當我們翻開報章，看到世界一天比一天敗壞。我們的心變得憂傷，因為貧窮，因為自然生態不斷遭破壞。我們也可能丟失了人生的意義，不僅因為自己的心變得疲累，也因為有人嘲笑自己珍視已久的想法與禱告，自己的信念忽然變得過時不堪，可有可無；甚至信仰也彷彿站不住腳。這是任何人都可能萌生的失落。

我們習慣將這些艱困視作「人生應然」的阻撓，不讓我們獲得健康、美貌、安舒。我們認為受苦最起碼是煩惱，甚至毫無意義。我們千方百計地消除苦痛。我們甚至寧可哄騙自己：所謂的損失其實不是真的，不過是暫時的干擾。換言之，我們大費周章地否認事實。我們對自己說：「這些事不應該攔阻我們把握真實的事物。」

有幾個試探加劇我們的否認。譬如說，忙碌的生活成為逃避的藉口，雖然我們明知遲早仍要面對。我們身處的世界，伏在那惡者的掌管中，而那惡者最喜歡令我們分心，企圖填滿我們的日程表——有許多事要做，有許多人要見，有許多任務要完成，有許多產品要製造。那惡者不容許我們有絲毫悲傷哀慟的空間。忙碌成了詛咒，而我們還以為它可以減輕內心的苦痛！疲於奔命的生活，只會攔阻我們面對難關，而難關無可避免，我們或遲或早總會遇上。

撒但的聲音也會試圖誘使我們築起一條攻無不克的戰線。在魔鬼的字典中，不會有這些詞語：**脆弱**、**放手**、**降服**、**哭泣**、**悲傷**、**哀慟**。曾經有人對我說：「千萬不可露出弱點，否則你會被人利用；不可顯得脆弱，否則你會受傷；不可依靠他人，否則你會失去自由。」這話聽來十分明智，但其實與智慧沾不上邊。它無非是在呼應這個世界，而這個世界要我們毫無保留地推崇它所定義的社會界線與規範。

面對損失，乃是勝過試探——將人生視為滿足渴求之過程的試探。我們都有所渴求：追求別人的注意、愛護，又渴望擁有影響力、權力，而這些渴求又像是永不會滿足。就連利他行為的背後，似乎亦跟這些渴求糾纏不清。然後，當人或事滿足不了我們的渴求，我們就會逃走或反擊！我們呵護自己受傷的心靈，渴求卻還是有增無已。我們奔向舒適的保障，轉離所有別的途徑。

我們也趨向唾手可得的勝利：沒有危機的成長、沒有痛楚的醫治、沒有十架的復活。難怪我們都愛看街上的巡遊，向退役英雄、行神蹟者、破紀錄者歡呼吶喊。難怪我們的社羣有組織有系統地將苦難與我們的視線隔絕——埋葬死人的方式，是將死亡以委婉言辭及細緻禮儀巧妙喬裝；精神病院及監獄的設立，顯示一個不息的信息：精神病患者及罪犯不屬於人類大家庭！就連日常習俗也促使我們隱藏感受，恪守社交禮儀，鎮靜地說出想法，而非坦誠地作出有益質詢。友誼因此變得淺薄與短暫。

耶穌的做法看來很不一樣。耶穌帶給我們極大的撫慰，祂的到來伴隨著溫良的話語和醫治的觸摸，但祂沒有消除我們的一切創痛。耶穌在生命結束前幾天，騎著驢駒進入耶路撒冷，像巡遊中的小丑——這是祂提醒世人的方式：當我們執意於唾手可得的勝利，其實是在欺哄自己。我們以為可以掩飾那些困擾自己的事，讓自己重返愉悦的時光。事實上，大多數有價值的物事，只能夠通過對抗而獲得。

從棕枝主日（Palm Sunday）到復活節，是忍耐之路，也是患難之路。「忍耐」的英文 patience 來自一個古老的字根 *patior*（譯註：拉丁文），意思是「受難」。要學習忍耐，就不能抗拒艱難。因為假若我們總是以簡單地高呼「和散那」去掩飾內心痛楚，反而會有喪失耐性的危機。當省事之舉的淺薄敗露，我們很可能會變得苦毒、尖刻、暴戾、兇惡。

與此相反，基督邀請我們經歷日常生活中的眾多患難，就是堅持活在創傷、痛苦、破碎之中，從而體味患難中的盼望曙光和嶄新生命。基督徒從耶穌的生命可以發現，當羣眾的「和散那」消散於空氣中，當門徒與朋友都離棄祂，當祂呼喊「我的上帝！我的上帝！為甚麼離棄我？」，那正是人子從死裏復活的前奏。然後祂斷開死亡的鎖鏈，成為世人的救主。這就是忍耐之道，它緩慢地引領我們離開唾手可得的凱旋，進入得來不易的勝利。

當我明白了上帝怎樣藉著患難陶造我，吸引我親近祂，我就會少點否定自己的患難，也少點將苦痛看為自己計劃的阻撓，反倒將它看為上帝的工具，令我更懂得接受祂。我也學會邀請基督進駐我的創痛與分心之處。

記得一位年老的教士曾經對我說：「我向來埋怨我的工作不斷被打擾；然後我明白了：那些打擾我的，正是我的工作啊。」不快的事情、艱難的時刻、意外的挫折，這些其實遠比我們所想像的更有價值和意義。從棕枝主日到復活節，正是這樣一個過程：從建基於瑣屑夢想與幻想的、唾手可得的凱旋，進到上帝所賜的、得來不易的勝利——上帝滿有忍耐，伸出關懷的手，等待著潔淨我們。

從我那些黎明之家的朋友，我學會一個道理：在基督信仰的核心有一位上帝，祂將全世界的擔子放在自己肩上。患難邀請我們將我們的傷痛，置於上帝的手中。在基督裏，我們看見上帝受苦，這苦為我們而受。祂呼召我們共嘗祂的苦，這苦源於祂深愛這個受傷的世界。我們人生中的微小以及洶湧而至的創痛，原來都與基督那更大的苦難緊密結連。我們日常的苦痛，原來植根於一種更大的苦痛，因此同時繫於一個更大的盼望。我們生命中真的沒有任何一事，在上帝審判與憐憫的範疇之外。

何事發生，何事沒有發生

人生一個重大議題，並非關乎甚麼事發生在我們身上，而是在事發時、事發後，我們怎樣面對和處理。人生中大多數景況都是改變不了的。我自己是白種人、中產階級、獲得良好教育，對這些事我其實不曾做過甚麼有意識的抉擇。老實說，我曾走過的人生，其實很少與我所做的決定有關。我認識了甚麼人、在世界哪個角落出生、我的性格傾向如何成形，都並非我可以決定。

因此我們的抉擇，並非取決於那些已發生或將會發生在我們身上的事，而是關乎我們怎樣面對及處理人生的轉折與順逆。換言之，要問的是：面對人生，我是懷著怨懟的心，還是懷著感恩的心？舉個例子：你的汽車和我的汽車在公路上相撞，我不但嚴重受傷，而且心懷怨懟。我可能在餘生不斷埋怨：「那次意外改變了一切。如今我殘廢了，人生無比艱難。」而你可能也受了同樣的傷，卻對自己說：「此刻是否指向一個呼召，要我過另一種生活？這會不會是一個機會，讓我學習一件新事，使我的傷殘可以成為見證？」

我們所損失的，可能是無可取代、無法彌補的東西，但我們仍有選擇：怎樣在損失中活下去？我們再三蒙召，要去發掘上帝的聖靈在我們生命中的作為——就算在慘澹的時刻。上帝邀請我們選擇生命。明白患難的一個關鍵，乃是定意不逃避、不抗拒人生路上的麻煩與苦痛。

加入那更盛大的舞蹈

哀哭使人貧難；它強而有力地提醒我們，我們有多渺小。不過上帝這位舞者，正是在我們痛苦、貧乏、笨拙之際，邀請我們振作，嘗試踏出舞步。因為，正是在患難之中——而不是在患難之外——耶穌進到我們的愁苦，牽起我們的手，溫柔地扶我們站起，邀請我們共舞。我們得以效法詩人禱告，向上帝說：「你已將我的哀哭變為跳舞……」（詩三十11），因為在我們哀慟的核心，我們找到上帝的恩惠。

在跳舞時，我們體會到一件事：我們毋須停駐在哀慟的小天地裏，而是有能力踏出那領域。我們的生命不再聚焦在自我。我們廣邀其他人加入一支更盛大的舞蹈。我們學習騰出位置給其他人——尤其給那位滿有恩惠的上帝——讓大家可以共舞。當我們與上帝並祂的子民同在，生命益加顯出豐盛。我們將會發現，全世界都是我們的舞池。我們的舞步愈發輕盈，因為上帝也呼召了其他人加入舞蹈。

有位朋友寫信告訴我他的一個發現。不久前，他計劃在聖誕假期花一個禮拜探訪他那患了認知障礙症（亦稱阿茲海默症，Alzheimer's disease）的父親。在一個早上，我朋友參加了他父親的日間活動。他父親顯得很緊張，而且焦躁不已，原來他很掛心自己母親的情況，以為對方要他照料。但祖母其實離世已久，在我朋友出生前已不在多年。他父親的擔憂，顯然是在表達一種深沉的苦痛，那是他不曾好好直接表達的。

我朋友決定帶他父親到外面走走。他的車子在郊野走了超過一小時。我朋友默默開車，幾乎沒有跟他父親交談，但他留意到他父親的焦慮開始消減，情緒漸漸平伏。

差不多一小時靜默後，他父親突然轉向他，正眼看著他，說：「啊呀，我們好久不曾有過這樣愜意的旅程了。」我朋友開懷大笑。他父親說得很對！頃刻之間，苦痛化成平安，損失變成獲益，就連二人之間的沉默，也蘊含醫治的力量。誠然，人在患難中的許多「舞步」，都是在意想不到的時刻出現的，這些時刻是我們在等待中或掙扎中的恩典。在這些時刻，我們與上帝放在我們人生道途上的人相遇相交。

於是我們並非單憑決心或一己之力，嘗試從小我進到上帝更大的恩惠中。當我們的渴求誘使我們竭力攫取一個位置，當我們未經醫治的傷口界定了環境氣氛，我們難免焦慮不已。但是，若我們容讓創痛提醒我們對醫治的渴望，若我們能夠起舞、前行，恩惠會為我們提供著地之境。禱告讓我們與舞蹈之主維持聯繫。我們的眼界，如何超越苦痛與損失的經歷？乃是透過學習領受那擁抱萬有的大愛——與我們休戚與共、時刻同在的大愛。

由此，隨著處境實況的需要，我們在原地耐心等候恩賜出現。試看著名荷蘭畫家梵高（Vincent van Gogh）繪畫的那些滿有生命色彩的花朵。梵高一生蹇滯困頓，滿有哀傷、愁苦、憂鬱，但他畫的花何等美麗，何等欣悅！再看梵高畫的斑斕奪目的向日葵，誰可斷言哀哭在哪裏終結、舞蹈在哪裏開始？假若我們容讓上帝將祂的恩賜帶進我們的經歷——祂的恩賜，就是祂自己——我們將會在我們的傷痛中發現隱於其中的榮耀。假若我們轉向上帝，不與我們的傷痛對抗，上帝就能將傷痛化為更大的益處，我們也能與其他人一起去發現、經歷這福分。

一言以蔽之，感恩

不久前一位朋友要離開黎明之家，轉去一個類似的羣體擔任帶領的職事。她對黎明之家既忠心又委身，多年來的事奉，既有極喜樂的時刻，也有極愁苦的時刻。她建立了真摯深厚的友誼，成就了許多美事。她是很稱職的領袖，但同時經歷了挫折與失望，有一些長期關係出了岔子，至終未能修補。她離開的前幾個月，我們一起追憶曾經共度的歲月，大家都說：「我們感恩，為曾經發生的美事，為建立了的友情，為實現了的願望。至於那些痛苦的時刻，我們也會努力學習接受。」

聽到上述的話，我開始細想：我朋友及各羣體成員說，他們定意為發生在這蒙愛團契中的一切事感恩，這究竟是甚麼意思？他們的感恩，如何幫助他們更徹底地邁向醫治的舞蹈、喜樂的禮讚？也許最能夠幫助我們走出小我、步向更大天地的，就是以感恩的心記念上帝——讓上帝的心意滲透我們整個人生，而非僅僅在敬拜讚美或靈命操練中，或在那些看似順遂的時刻。

假若我們在逆境中也能尋見上帝，那麼生命中的一切——不論看起來多麼微不足道或艱困愁煩——都可以令我們敞開心扉，領受上帝的作為。感恩，不等於壓抑心中難以忘卻的傷痛。當我們帶著傷痛——坦誠地、而非淺薄地——進到上帝跟前，生命就會慢慢出現改變。我們會發現，上帝正是邀請我們領受醫治的那一位。還有，任何歡慶的舞蹈，都必須同時蘊含憂傷與福分，才可構成喜樂的舞步。

我曾目睹一個石匠從一座巨石鑿出一塊塊較小的石頭。我暗自想像：**那座巨石一定飽受創痛。這人為何要這樣傷害巨石呢？**但我看得夠久，開始從其中一塊石頭，看出一個動作優雅的舞者雕像來。它望著我的眼睛，對我說：「你這愚蒙人啊！豈不知道我必須先受苦，才可以進入榮耀嗎？」這舞蹈的奧祕，在於它的舞步蘊含在它的哀慟之中。接受醫治，就是讓聖靈呼喚我去跳舞；即使身陷痛苦，仍然不斷相信上帝會精心鋪排並指引我的餘生。

然而，人皆傾向將自己的過去一分為二：其一是懷著感恩去追憶的美好事物，其二是千方百計去接受或忘記的慘痛事物。這種思維乍看十分自然，卻阻撓我們從整個過去支取力量，度將來的人生。它將我們的焦點鎖定在自我中心的得益或安舒。它是分類工具，或多或少也變成控制工具。這種觀點令我們設法逃避患難，而非好好面對患難。我們一旦接受了這種分類，就會不期然地盼望收集更多美好回憶 —— 而非慘痛回憶、更多令人愉悅的東西 —— 而非令人懊悔的東西、更多值得歡慶的物事 —— 而非觸發怨懟的物事。

感恩的核心要義，乃是以生命為恩賜，常懷感激的心度過每一天。真正的感恩，必然擁抱整個生命，包括好的與壞的、歡樂的與慘痛的、聖潔的與不那麼聖潔的。我們如此行，是因為在萬事中都能察覺到上帝的生命、上帝的同在。

身處一個將喜樂與苦痛斷然分隔的社會，我們有可能感恩嗎？我們不但期盼安舒，更被告知這是需求！廣告告訴我們：人不會在憂傷中體會到喜樂！廣告的信息是：「買這個，做這事，來這裏⋯⋯你就可以獲得快樂時光，從而忘卻苦痛！」以感激的心接受人生的一切，而不僅僅是美好的事物，這真的不可能嗎？

假若哀哭和跳舞皆為恩典之舞的要素，我們便能為自己活著的每時每刻感恩。我們可以宣稱，我們每個人的獨特旅程，都是上帝陶造我們心靈的途徑，為叫我們更像基督。十字架——我們信仰的主要符號——邀請我們在痛苦的地方發現恩典、在死亡的地方發現復活。上帝呼召人感恩，乃是呼召人去相信：每時每刻皆可成為十字架的道路，領人通往新生命。昔日耶穌在受難前對門徒說，祂會為他們捨身流血，好叫他們獲得生命。耶穌與門徒分享所有——祂的喜樂和祂的痛苦、祂的受難和祂的榮耀，好讓門徒常懷感恩的心，領受各自的使命。隨著一天天過去，我們不斷發現新的理由去相信：世上沒有任何事能叫我們與上帝的愛隔絕，這愛是在我們的主基督耶穌裏的。

當然，要將不快回憶掃進意識深處，而只想著那些取悅自己的美好物事是輕而易舉的；這也似乎是通向心滿意足的大道。不過這樣做的話，無非是攔阻自己去發掘憂傷背後的喜樂、痛苦記憶中隱藏的意義。我們會錯失那從我們的軟弱中漸顯的力量，也就是上帝告知保羅的恩典：「我的恩典夠你用的，因為我的能力是在人的軟弱上顯得完全」（林後十二9）。

感恩有助起舞，但前提是我們必須栽培感恩的心，因為感恩不是直觀的情緒，也不是淺顯的態度。以感恩的心度日，是需要操練的：要持續不斷努力，將我們的整個過去，視為上帝帶領我們走到當下的具體路程。要這樣做，不但必須面對今日的傷痛，也要面對過去的慘況，包括被拒絕、被拋棄、失敗、恐懼的經歷。昔日耶穌告訴祂的跟隨者，他們與祂關係密切，就像枝子之於葡萄樹；不過他們必須經歷修剪，為了多結果子（參約十五1～5）。何謂修剪？就是剪除、重整，除去損耗活力的物事。當我們看見一個剛經修剪的葡萄園，會難以相信它還有結出果子的指望；但在收成的日子，我們會恍然大悟：修剪能夠令葡萄樹集中力量多結果子啊。

懂得感恩的人，就算懷著艱難且慘痛的回憶，亦可以禮讚人生，因為知道修剪不是上帝的懲治，而是上帝對我們的裝備。假若對過去的感恩只是半心半意，我們對將來的盼望亦必同樣難以圓全。相反，若能欣然接受上帝的修剪，不但最後不至憂傷，而且可以盼待有美事會藉著我們發生、在我們身上發生。收成之日，我們必可得福。

我漸漸學會了：感恩的呼召，就是要求我們誠心宣告：「一切都是恩典。」假若心存怨懟，介懷我們不想它發生的事、不如意的人際關係、不想犯的錯誤……我們的心會變得封閉，既看不到前路，也結不出新生命的果子。如此，我們乃是自絕於上帝的道路。

我們確然可以學習將過去無法忘卻的經驗，視為內心不斷歸回上帝的機會。要讓記憶提醒自己屬誰——不屬自己，乃屬上帝。我們若要真心預備活出事奉上帝的新生命、真心歡慶上帝為我們人生揭示的召命、真心樂意隨時奉派去上帝帶領之地，我們的整個過去——匯集在一個已然歸向上帝的寬廣心靈中——要成為能力之源，驅動我們前行。

所以，我們的朋友離開我們這個羣體之際，是一個匯集她在這裏的一切經歷，並且宣告「感謝上帝」的時刻。

她與我們同度的日子，是她與上帝同行的旅程。這段日子是她日後踏上新征途的根基，讓她能夠義無反顧地回應新呼召。

當我想到自己的傷痛——就是我來到黎明之家後所經歷的天人交戰與五內翻騰——我發現仁慈的上帝沒有領我到一個庇護所，遠離傷痛。恰恰相反，再沒有更能讓我看清艱困的地方了：這裏的殘疾成員失去的不僅是智能及體能，還有家人的支持、受教育的機會、婚姻、獨立的生活。我身邊都是極其艱困、極其受限的人。然而，同樣再沒有別的地方，是我更能盡心盡性禮讚上帝的——除了在這些為自己諸般損失哀慟不已的男女中間！當我們一起禮讚上帝，我們不是在匯集學位、獎狀、地位、榮銜；當我們一起禮讚上帝，生命的恩賜在所有損失中自行彰顯。

裝飾、賀卡、蠟燭、禮物——還有擁抱、微笑、親嘴——都是生命與盼望的具體表達。每當我置身於這些歡慶與禮讚，無論是餐桌旁的小慶典，還是大禮堂與小教堂的正式聚會，我總會驚詫於聖靈的呼召：呼召我們邁步起舞。

2. 從緊握到放手

我很愛看空中飛人表演，這愛好有好多年了，我還記得是怎樣開始的。那一年我爸爸八十九歲，來美國探望我。「**我們去看馬戲吧。**」某一天我們那樣決定了。那個馬戲團有五個來自南非的空中飛人：兩個負責在鞦韆上接應隊友，三個在鞦韆之間飛躍。他們是在半空中跳舞！他們飛躍而起，隨即陷入危險，直到自己雙手被伙伴牢牢緊握。我告訴父親說，能夠在半空中來回飛躍，是我自小的夢想——我其實是否錯失召命了？

我這些空中飛人朋友的勇氣，常教我感動不已。他們每一次飛躍，都要全然信靠伙伴會在彼端緊握他們的雙手。他們同時知道，惟有自己定意鬆開原本緊抓鞦韆的手，才可以在空中劃出美妙弧線，盪到另一個鞦韆去。被伙伴緊握之前，他們必須鬆開自己的雙手。他們必須敢於面對空間的隙縫（the emptiness of space）。

在生活中樂意放手，是人生要面對的其中一樣重大挑戰。無論關乎人、財產還是名聲，我們在許多方面都不計代價地緊緊抓住許多物事。我們往往是勇不可擋的戰士，極力捍衛辛苦掙來的愉悅；又將一些無法躲避的損失，視為生存戰役上的敗績。

最大的弔詭是：我們必須放手，方可領受。在始料未及的冒險地方，才可找到安全。反而那些試圖避開一切冒險、致力確保不會遭逢任何傷心事的人，結果陷入自製的地獄。魯益師（C. S. Lewis）在《四種愛》（*The Four Loves*）中有這麼一段話：

> 心中有愛，就變得脆弱、容易受傷。……如果想確保你的心完好無損，就千萬不要將心交付任何人、甚至任何動物。你要小心翼翼，用各樣嗜好與享樂，把你的心包起來；要避開一切牽絆；要將你的心好好鎖在你自私的棺材裏。不過，在這個安全、幽暗、靜止、密不透風的棺材裏，你的心會改變。你的心不會破碎，它會變成不能打破、不能穿透、

> 不得救贖。……在天堂以外，你肯定不會遭遇愛的
> 冒險的惟一地方，是地獄。[1]

從多方面看來，我們愈堅持要掌控人生，則愈抗拒對人生舉重若輕的呼召，也愈要否認損失的現實，我們的存在亦愈趨人為。人之所以會受苦，其中一個重大原由，正是相信必須緊抓自己需要的物事。然而，能夠對財產、計劃、人事等放手，才可踏進嶄新、意想不到的自由——縱使必須冒許多險。

怎樣才可益加願意放手？將哀哭變為跳舞的另一步，關乎放棄緊抓自己的所有，不再嘗試預留一個可供休息的安樂窩，不再致力編排自己或他人的一生，而是降伏在所愛慕所跟從的上帝面前。上帝邀請我們去體驗不再掌控的經歷，即信心的體驗。

人生一大虛幻

人心一大虛幻，是將人生視作可擁有的財產或可緊抓的物事，並以為人皆可管治或操控。偶爾我們努力建構了

一套人生觀，以為事情必可按此邏輯發生。就連我們的夢，也常映照出這幻象如何深植我們心底——白天不能做常勝英雄，起碼黑夜夢中可以如願了吧？夢中的我是被誤解的天才或救世者，可歎抨擊我的人發現時，為時已晚！

這虛幻有時會令我們落入追尋自我實現、自我滿足的瘋狂旅程。我們渴望「忠於自己」，至少忠於那個自我造出的形象。我們沉湎於自我的身分，滿腦子都是自己的獨特過人之處。我們憂慮自己與人比較之下的成績。這虛幻令我們踏上爭競、追逐，甚至兇暴之路，因為渴想超越羣倫，要不斷勝過對手，甚至不惜犧牲別人。這虛幻令一些人神經兮兮，終日停不下來，被一個信念催逼著：人的價值只關乎工作成效。這虛幻又令一些人不斷內省，以為自我就是內心深處感覺的總和。

對這虛幻的覺醒，往往來自遭逢危機或艱困。我們面臨錐心刺骨的苦痛、無法逃避的哀傷，方才知道自己對人生的控制微不足道；而所謂的反抗，亦絲毫撼動不了現實的進逼。某些事的發生，令我們恍然大悟：原來自己也能夠拋卻宏願，或與至親好友道別，或接受日漸衰竭的身體。我們不再妄求似乎遙不可及的婚姻或事業。我們在鏡子面前，承認自己貌不驚人、言不壓眾、才智平庸，亦從來不是眾人的目光焦點所在。我們毋忘提醒自己：不僅人生難逃喪失，所有人至終亦難免失去一切，因為人人必有一死。然而同時，人人又都覺得人生不止於此。

這些領會指向人在大千世界中的卑微，令人不敢妄自尊大。論到從容面對人生之道，也許最可見諸再平常不過的人際關係。愛人，就是容讓對方按你無法操控的方式回應你。當你對對方投放愛與關懷，與對方建立密切的關係，你的喜與悲就或多或少被對方牽引：其接受令你欣悅，其拒絕令你失落。你愛的人愈多，經驗的痛也愈多；因為愛的莫大奧祕，就是可以被接受，也可以被拒絕；當你愛，你就躍進愛的冒險中。

請看看耶穌生命的最後階段。論到耶穌與門徒，新約聖經常以一個動作描述他們：「交付」(handed over)。上帝為了我們的罪，將祂兒子交付世界。因此耶穌不再是主動者。耶穌本來是傳道者、宣講者、醫治者，其後成了被動者，承受世界加諸身上的事。耶穌被吐口水、被解到十字架前、被鞭打、被釘十字架。耶穌是道，萬有藉著祂受造，祂卻遭害於受造者的手。這是基督受死的含義：基督本於祂的大愛，為我們的緣故，交出操控權。

我們的苦痛與基督的受苦緊密相連。在哀慟中，我們向一些賜予我們角色的物事死。從這意義看來，受苦與靈命大有關係。我們要拋卻對自我囿限的否認，不再緊抓配偶、父母、會友、鄰舍、國民等身分，甚至要為信仰受苦。耶穌的首批追隨者，不少被交付逼迫與死亡。我們必須承認——縱然不無辛酸——人生在世，有時候的確要將手中緊握的物事放開。

這箇中的重擔，令一些人變得憤世嫉俗。他們質疑道：「這有甚麼益處啊？」然後不斷埋怨自己壯志未酬，夙願難償。起初的哀傷，逐漸轉化為怨懟。

這景況會在一些人心裏激發難以抵受的催逼。他們嘗試減輕恐懼，所做的事卻帶來更大的恐懼；他們發現必須操控的事愈來愈多，同時憂慮的事也愈來愈多。這樣的想法帶來無窮的煩躁與焦慮。假若我們對世界的回應是出於操控慾與佔有慾，內心自然永不滿足。內心既然永不滿足，人又會再催逼自己加倍努力，直到所有注意力集中在手段上，卻忘記了目的是甚麼。我們就像一個害怕破產的人，為了克服恐懼而不斷揮霍！又因擔心盜賊來搶，因此不敢離開居所！恐懼成了牢獄，而這牢獄正是我們千方百計想逃離的地方。

耶穌的門徒卻拋下漁網——他們的經濟支柱、家人、感情寄託——去跟從那位應許滿足他們心底最大渴望的主基督。我們都嘗過缺乏安全感的滋味。然而，在我們放手之後，我們會意識到，新而美妙的事，真的可以在心中出現。

拋開自我催逼

全然歸主，就是容讓上帝帶領我們離開自我催逼；這意味著我們不再不住嘗試解決問題。「不由自主的催逼」的相反，就是自由。

當然，這不是易事，因為強烈的渴求會在心中催逼我們。舉例說，我們感到孤單，因此會去尋找——偶爾甚至不顧後果——可以消除箇中痛苦的人：丈夫、妻子、朋友。我們匆匆作出結論：某人或某物終於滿足我們心底的渴求了。

正因如此，我們對他人投注了過多的期望。我們變得婪索、難纏，以至乖戾。對方被壓得透不過氣來，因為我們「逼人太甚」——對方不過是人，我們卻期望對方有神靈的力量。最差勁的情況，是我們不過將對方視為滿足期望的工具而已。

然而，當我選擇別神，就是以某人或某物為我的福樂之源，我的愁苦必然加增。若我向人求取惟獨上帝能賜予的東西，必然會以痛苦收場。舊約聖經有一詩篇，為我們指出另一條路：「我曾對耶和華說：你是我的主；我的好處不在你以外」（詩十六 2；《聖經新譯本》）。這樣的禱告，乃是出於敬拜上帝者的信仰體驗：他確知自己在上帝的蔭庇下，而上帝臨在聖殿中。詩人隨即宣告上帝是他的「產業」、「杯中的分」、「所得」。這些意象令人聯想到昔日以色列的利未支派，他們是上帝的僕人；不像其他支派，他們在應許之地無分無業，然而上帝是他們的「產業」（申十 9）。這詩篇告訴我們，詩人的喜樂，源於與上帝相交的生活與生命。

人生在世，會很在乎很多東西，這是理所當然的。我們若沒有愛的對象、若沒有人愛我們，人生就難以整全。我們需要飲食與住宿；我們珍惜朋友共聚，也享受閱讀樂趣。所謂輕看萬事，乃是時刻銘記自己是誰——重要的是自己領受了甚麼，不是獲取或成就了甚麼。最深切的喜樂，並不來自掙得多少錢財、多少朋友在身邊、達成多少果效。上帝創造我們，乃是要我們置身於祂無窮的大愛中。我們是蒙恩的禮物，我們的身分並不建基於力拚而得的戰利品。若然終日東跑西顛，汲汲於肯定自我或被人肯定，就必然對上帝視而不見——上帝主動愛我們，住在我們心中，為我們陶造最真確的自我（the truest self）。我們確然可以睜開眼睛，發現往前行的新路徑。

遷離恐懼之家

要跳好這舞步、懂得放手，其一大攔阻是恐懼。我在美國穿州過市教學演講好久了，但有個感覺仍會在腦中突然泛起：我們真是一個充滿恐懼的族類。我們為身體的匱乏或不適擔憂；我們為安全與工作擔憂；我們甚至對其他人疑懼不休，而必須囤積大量財產。在國際關係層面，富有國家——例如我們許多人身處的國家——牢牢看管自己的財產，以至陌生人不能奪去。我們製造炮彈，守護自己確信必須守護的東西。但令人啼笑皆非的是，我們成了自己恐懼的囚徒。那些令我們恐懼的人，就是轄制我們的人。那些令我們住進恐懼之家的人，至終會奪去我們的自由。

好些年前，我住在拉丁美洲的窮人中間，曾目睹有些人的生活方式截然不同。他們都學會了一件事：恐懼不一定當道。就算被虐待、受壓迫、活在赤貧之中，仍然有人可以滿心感恩、滿有平安。與富有國家的民眾相比——太多人擁有太多財富了——他們反而少一點恐懼。我猛然察覺到另一種壓迫：原來不僅窮困無權者備受壓迫，弔詭的是，有權有勢者亦備受壓迫。南半球諸國落入赤貧，另一方面，北半球諸國面對的是恐懼、罪疚、孤單。我們富裕國家之所以受焦慮與孤單之苦，乃是由於一種隱患——我們漠視那些比我們不幸的人，這種漠視與我們不仁不義的奢侈與浪費息息相關。

無論我們身在哪裏，基督都在呼喚我們遷離恐懼之家，進入仁愛之家——拋開佔有慾，進到自由的境地。道成了肉身，住在我們中間，因此上帝可以與我們同住在仁愛之家。耶穌又告訴我們，祂回到天父身邊，要為我們預備地方，令我們可以住在祂裏面，正如祂住在我們裏面。「你在哪裏？」耶穌問道，「你住在有愛的地方嗎？」

耶穌在福音書中還以更強烈的用詞提醒我們：「不要害怕！」這話在整個福音故事中不斷回響：加百列在施洗約翰出生前對撒迦利亞說過這話，也在耶穌出生前對馬利亞說過這話；天使對墳墓旁的婦女說過這話，主耶穌也親自對她們說過這話（太二十八10）。上帝彷彿對我們說：「我是滿有大愛的上帝，我邀請你們前來領受貧窮人所發現的恩賜——喜樂、平安、感恩的心，你們也可以拋開心中的各樣恐懼，與人分享你所囤積的東西。」

我們定睛在宣告「不要害怕」的上帝，就能漸漸拋開心中的恐懼。我們將學會如何活在一個不再熱中於防衛的世界。我們將會得到自由，得以看見其他人的患難，並以憐憫、平安、真誠無偽回應，而非防衛之心。

藉著禱告轉化幻象

要跳好這舞步，乃是藉著禱告。在福音書中，我們再三看到耶穌如何逃離眾人獨自禱告——有時在深夜淩晨。耶穌在禱告中一再確認，差遣自己的乃是天父，賜祂話語的是上帝。耶穌不從事奉獲取「獎賞」，祂只聆聽天父的話。

惟獨禱告能夠使我們聽到另一個聲音，投身於更重大的使命，足以抗拒那意欲控制一切的渴求。然後那些看似塑造我們身分的問題不再顯得那麼重要：誰給我好評？誰沒有給我好評？誰是我朋友？誰是我仇敵？有多少人喜歡我？我們若將上帝置於生命的中心，我們對自我身分的認知，就不再取決於其他人對我們的想法或說法。我們不再是人際關係的囚徒。

事實上，禱告告訴我們如何不讓人際關係成為偶像；禱告也提醒我們，我們能夠學會去愛，無非源於曾經瞥見或感應了那起初、至高的愛，這愛超越人際關係。我們要學會愛，必須謹記：「我們愛，因為上帝先愛我們」（約壹四 19）。我們深受這起初的愛感動，從而獲得了自由，因為這愛救我們脫離自我隔離與孤立。這愛能夠消滅我們對囤積財富的渴求，使我們不再自以為可以規劃將來。這愛釋放我們，讓我們可以愛人。

因此禱告成了一種態度：不以世界為擁有的對象，而以之為一份禮物，這禮物不斷彰顯送禮者的屬性。禱告引領我們脫離一種苦痛，這苦痛源於堅持按自己的方式做事。禱告令我們願意敞開心靈去領受。禱告更新我們的記憶，得以在其他人身上發現生命的恩賜。

當我們禱告，我們承認自己不知道上帝下一步要做甚麼，卻同時提醒自己：若不敢於冒險，就永不會知道答案。禱告是學習懷著敞開的心靈投向深海與高天。可以說，禱告是一種對生命的態度：願意迎向那不斷出現的恩賜。我們獲得勇氣，容讓各樣新事發生。我們對這些事沒有控制權，但這些事如今不像以前那麼駭人了。

就此我們尋獲勇氣去面對人類的囿限與傷痛，不論是樣貌平庸、被人隔絕、被傷害被虐待的回憶，還是不斷被壓迫被加害。我們既找到自由，得以在困苦中呼喊，或為其他人的患難發聲，也就慢慢發現自己給引領到一個新的境地：我們開始懂得等候那些憑己力不能創造或規劃的事物。我們明白到喜樂不關乎歡慶與宴會、擁有房產、兒女成績驕人。喜樂關乎內心深處的體驗——對基督的體驗。在禱告的安靜聆聽時刻，我們學會辨認一個聲音：「我愛你，不論世上有沒有別人喜歡你。你屬於我。在我裏面建立你的家吧，正如我已經在你裏面建立了我的家。」

復活後的耶穌對彼得說：「我實實在在地告訴你，你年少的時候，自己束上帶子，隨意往來；但年老的時候，你要伸出手來，別人要把你束上，帶你到不願意去的地方。」（耶穌說這話是指著彼得要怎樣死，榮耀上帝。）說了這話，又對他說：「你跟從我吧！」（約二十一 18～19）。何等令人意料不及的話！心理學家可能會這樣說：「昔日你年少的時候，別人管束你、指引你，如今你年老了，可以按你所能到你想去的地方。」然而耶穌告訴我們，成熟意味著甘心樂意被帶領，甚至去不願意去的地方。就在我們身處困乏的時空之際，我們轉向上帝，我們明白到人生不能沒有上帝。人生的一切名聲與安舒，在我們眼中頓時有了不一樣的面貌。

此事難以解說，容易被誤解，更可能被視為鼓吹受虐。但我所講的，當然不是追求被懲罰，而是容讓自己被褫奪對家庭、朋友、成功、健康、固有思維的仗賴。我們可以這樣做，是因為在禱告中，我們學會相信自己的赤身露體至終會得到恩慈的遮蔽。哀哭不僅意味著面對損失，更是迎向損失，以此為一種更徹底地跟從仁愛之聲的方式。

福音不斷呼召我們以基督為人生的源頭、中心、目的。我們在基督裏找到家。在這家的安穩中，哀愁能夠為我們指出上帝的所在，甚至促使我們投向上帝大愛的臂彎。於此，哀悼我們的損失，至終使我們得以宣稱我們是蒙愛的。哀慟為我們開展一個憑己力想像不到的將來——蘊含舞蹈的將來。

這是耶穌的道路。憂患之子飽嘗哀慟的滋味（賽五十三3），卻應許賜下喜樂。「這些事我已經對你們說了，是要叫我的喜樂存在你們心裏，並叫你們的喜樂可以滿足」（約十五11）。「你們將要痛哭、哀號……然而你們的憂愁要變為喜樂」（約十六20）。

迎向一位令人驚詫的上帝

以上關乎「放手」的講論，可能顛覆一些舊有信念。就算是信上帝的人，也可能要學習定意鬆開拳頭，張開雙手，迎向那位令人驚詫的上帝。

我曾在大學教學樓外的石階遇見一個學生，他撐著頭。「還好嗎？」我問道，「還是大事不妙？」

「嗯……」他答道：「受不了啊。太多科目要修，太多想做的事，太多抉擇要做。我覺得自己像個身在糖果店的小孩子，手中只有幾毛錢，不知道應該買甚麼才好。」

我常常想起這位新朋友，因為我們常在校園、職場、社區談天說地，我們談到：只要有足夠的時間與精力，我們可以出類拔萃，征服人生！就連在探究上帝的課堂與導修課上，我們也傾向將上帝化約為心中的前設與體系。說到底，我們有點害怕上帝。我們想愛祂，卻在心中築起圍欄，對祂敬而遠之。我們的靈命操練與習性，往往成了這些圍欄。實際上，我們如同對上帝說：「祢想進來嗎？祢必須使用那條舊道路，還有那個舊入口。」

患難常常教曉我們一個道理：上帝是我們無法全然理解的。上帝曾經使用以賽亞的口宣告：「天怎樣高過地，照樣，我的道路高過你們的道路；我的意念高過你們的意念」（賽五十五 9）。

這其實是帶來釋放的信息，勸誡我們不要將上帝套進我們欲求的框架中，或試圖修改甚麼法則，因為無論我們怎樣努力，也不可能全然理解上帝，然後告訴自己說：「啊呀，我終於明白了！」相反，在一切亂局之後，或在長夜過去之後，我們才終於空出雙手，殷殷伸向上帝。

因此，等候上帝，問上帝要帶領我們到哪裏去吧，這樣有助我們更敏銳地體察上帝的同在，以及上帝的隱匿。

我們學習接受上帝出人意表的行事方式，以及在我們中間偶有間斷的同在。我們不再暗暗假設：只要對天國事務、工作、教會活動付出得夠多，就必然能夠經驗上帝向我們説話！我們會發現自己漸漸減少期待上帝按我們的計劃或計算出現。

何謂上帝？我們理解的上帝是誰？我們怎樣看待上帝的作為？這些都是神學談論得很多的課題。我們只談論我們所相信的真理。但如果我們不堅持將無限無窮、無法言喻的上帝梳理歸類的話，其實用來描述上帝的「不僅」也是很多的：上帝不僅是公義，不僅是愛，不僅是自由，不僅是這樣或那樣。上帝比我們的心大，我們心中其實早已知道，上帝遠遠超越我們一切的心思與想像。

在這樣的時刻，上帝要求我們踏出安舒區，不再計算要冒多大的險。耶穌吩咐我們：「背起你的十字架，來跟從我——若有需要，甚至撇下父母！別再堅持要清楚知道下一步，而要相信你在上帝的手中，祂會指引你的人生。」我們能夠這樣做，是因為聖經再三告訴我們：不要害怕；信我一次吧，我是你的救主、嚮導、朋友、新郎。

對舊事放手

這放手的姿態，可能意味著不再持守某些偏見，降服於那比我們所知的更遠大的異象——關乎上帝及上帝子民的異象。我們可能要拋棄一些條條框框，因為它們承載不了上帝真理的深廣。面對我們每天共處的人、上班途中碰見的人、新聞報導中出現的人，我們可能要培養另一種態度。我們可能發現，禱告有助我們將人視為人：以接納、關愛的眼光去看待其他人。

耶穌有個比喻，說有個園主在一天的不同時辰雇了工人，但不論工人在甚麼時辰受雇，至終「各人得了一錢銀子」(太二十 9)。其中一些人——包括最早受雇的——大為光火。耶穌藉此比喻告訴我們，上帝有權饒恕祂想饒恕的任何人。上帝斷不受制於那從我們有限的期待而生的規則。然而，當耶穌向妓女抹大拉的馬利亞和稅吏馬太深表同情時，祂的聽眾更為光火。

隨著你與上帝親密契合，你也與上帝的子民親密契合。禱告乃是在我們內心的隱密處與上帝契合，也是與世界各地、歷世歷代的上帝子民契合。這樣的愛足以勝過那分隔眾人的恐懼，這樣的愛有助我們對自己的小小恐懼放手。

這看起來很困難，但當這樣的愛不斷在我們裏面動工，至終將帶領我們離開自義與壓迫。這樣的愛拯救我們脫離幻象，這幻象令富人自以為清楚甚麼對窮人最好，令男人自以為清楚甚麼對女人最好，令白人自以為知道甚麼對黑人最好。這樣的愛拯救我們脫離權力的幻象，這幻象導致在奧斯威辛（Auschwitz）、廣島（Hiroshima）、瓊斯鎮（Jonestown）發生的災難。

期待那日

我們看破幻象，不再嘗試操控人生，但很容易變得消極被動——上述的愛令我們不致落入這隱患。拋棄對上帝的狹隘觀點，還有自己的偏見，不等於我們不再殷切關心人生。聖經中有許多例子，告訴我們上帝子民如何積極主動促成上帝的新事，譬如爭取公義，尋求天國實現在世上。彼得後書的作者提到我們要「等候並催促上帝的日子來到」（彼後三 12，《和合本修訂版》，簡稱《和修版》），這呼召我們去看、留意、清醒、警覺、常常謹守，而在謹守的同時，毋忘努力行善。

不過在等候、謹守、服事之先，我們必須成為先見者，能夠辨明上帝臨到我們中間，臨到世界。在你生命中有沒有一個空間，是上帝的靈能夠自由現身、說話、行事的？何謂默觀？默觀就是摘掉那攔阻我們察看上帝臨在我們中間的眼罩。換言之，它意味著在我們留給上帝的安靜空間裏，學習聆聽祂的聲音，從而懂得怎樣更好地與身處的世界交往。

不久前我花了一些時間在紐約市到處遊走，我發現大多數地方有太多東西了。怎會這樣啊？我們似乎對空間十分恐懼，哲學家史賓諾沙（Spinoza）稱之為「空間恐懼」（*horror vacui*）。我們想填滿一切空間。我們的生活填滿物事。當我們不被忙碌蒙蔽，又會不期然用對過去的內疚、對未來的憂慮去塞滿心中的空間。也許我們的部分恐懼源於一個事實：空間意味著可能有不可預料的新事發生，令我們落入不想前往的境地，又或聽到不想聽到的話 —— 上帝吩咐我們的話。

栽培開放心靈之道，是操練。操練乃是專心致意，務要在生活中造出少許空間，讓上帝的靈可以觸動我們，指引我們，向我們說話，帶領我們到意想不到、無法操控的境地。很多靈修作者都論到對上帝的「專注」。專注有助我們全心仰望上帝，全然邀請上帝進入內心。專注領我們進到上帝醫治慈心的深處。論到這專注，韋依（Simone Weil）寫道：

>（這專注）乃是擱置自己的思想，維持抽離、空無的狀態，預備接受外物的穿透⋯⋯所有錯誤的翻譯，所有幾何問題的偏差，所有風格上的不協調，所有關乎寫作與議論的前言不對後語⋯⋯這一切都是因為思想太急於攫取某些意念，以致過早遭受閉塞，無法通向真理。究其原委，是我們太多動作了，總是不斷進行搜索⋯⋯我們要獲得最珍貴的禮物，並非靠努力搜索，而是靠靜心等候。[2]

從這意義來看，操練（discipline）並非一門「學科」（discipline）——譬如社會學、法律、護理學——讓人修讀、掌握。我並不是在講一堆資料，或一套系統化的原則和實踐。我所講的操練，關乎在心中騰出空間，能夠聆聽上帝的靈，從而改變生命。我們守護生命中的空間，從而敏銳於上帝的話並作出回應。我們在一些需要冒險的行動中，發現了一些奇事，是我們背離上帝、單憑己力不可能成就的。

這是我一而再，再而三，不斷又不斷學習的功課。

自從與父親看了那次馬戲之後，我深深愛上空中飛人表演，此後每年我都花大約一星期時間與那個馬戲團一起上路。馬戲團領班不久前告訴我說：「亨利，人人看見我的飛躍和翻騰動作，都為我鼓掌，他們覺得我是主角。但真正的主角，其實是接應我的伙伴。我惟一要做的，不過是伸出雙手，信靠他在那一邊會捉緊我而已。」

上帝也是這樣，在我們渺小的生命周圍盤旋，等候著接應我們，緊握我們雙手——在逆境和順境，在低谷與高峯。祂既在我們裏面，又同時超越我們，因此可以做成這事。正因如此，我們原本緊握著人生之喜怒哀樂的手，確然可以鬆開。我們也可以學習在空中飛躍，以至跳舞。

3. 從宿命到盼望

你記得一年前的今天，在忙著甚麼事嗎？你在談論甚麼？甚麼事令你憤怒或歡欣、擔心或充滿信心？假如一年前有大事發生，你可能會有清晰的片段記憶。但對大多數人而言，去年今日盤據腦海的事，可能已經化作模糊的印象，甚至消失於意識或記憶中了。

若我問你同一個問題，時間卻推到三四年前，你會發現所記得的可能更少。曾經令我們停駐在電視機前的大事件，可能早已成為明日黃花。所謂時事，消失於腦海的速度快得驚人！昔日我們曾經密切關注的同事或朋友，今日可能已經很少、甚至不再聽聞他們的消息了。

你可能猛然驚覺，人生真如白駒過隙，又似流水在指間經過，抓不住，留不下。這樣的覺醒可以教人憂傷：原來一部分的自己從來都在不斷消逝。我們可能因此告訴自己：千萬不要期望太多！我們可能因此忘記，其實總有新的可能、新的機會，在不遠處等候我們。

我們看著總統與教宗不斷更替，戰爭突然爆發又突然完結，有人失業又突然獲賞識重用，有孩童患病但其後痊癒、成為體育明星。當這樣的事不斷發生，有些東西凝聚而成，是死亡或疾病都不能毀壞的。對有眼可看、有耳可聽的人而言，我們短暫的一生，並非稍縱即逝，而是有持續意義；並非奔向死亡，而是投進生命；並非短暫，而是永恆。人生雖然脆弱不堪，我們卻有絕佳理由心存盼望。

有人稱這隱藏的實在（hidden reality）為「恩典」，有的稱之為「我們裏面的上帝生命」，也有人稱之為「上帝的國在我們中間」。無論稱之為甚麼，只要你的眼睛和耳朵專注在寶貴的核心上，你就會開始明白：所有衝擊它的歷史與事件，不過是將它砥礪成一個珍重無比、不滅不朽的恩賜。耶穌提醒我們，信主的人就有永生（約六40），這是翻天覆地的改變：主來到我們這個稍縱即逝的短暫世界，撒下永恆生命的種子。從很多方面而言，這就是**靈命**的意思：在短暫中栽培永恆，在消逝中栽培持續，在人的軀體裏栽培上帝的同在。換言之，在我們裏面的，乃是上帝聖靈的生命。能夠察覺這奧祕的生命同在，會徹底改變一切。當其他人都在抱怨，你可以覺得喜樂；當世界在發動戰爭，你可以經驗平安；當新聞報導盡是絕望，你可以找到盼望；當空氣中瀰漫著憎恨，你可以發現深深的愛。

宿命之誘惑

當然上述的都是知易行難。有時候我們會在短暫中忘卻尋找永恆，又將人生短暫這特質，視為妥協的理由。

《韋伯斯特辭典》(*Webster's Dictionary*)給「宿命」(fatalism)下的定義是「認定所有事件皆無可避免」，這看法其實遠比我們所想的更普遍存於眾人心中。《基督宗教誕生前的耶穌》(*Jesus before Christianity*)作者諾蘭(Albert Nolan)寫道：「宿命是大多數人在大多數日子的最常見態度，見諸日常對話，例如：『這次真是無法可施啊』，『你改變不了世界的』，『你要實際一些，現實一些啊』，『你要接受現實啊』。」[1] 宿命者會說：「這有甚麼用呢？我們最終還是會輸。我們敵不過命運的。」這樣的看法，帶來怨懟、苦毒、絕望、沮喪。

宿命的害處不一而足。它損害人際關係。我們會隨口說出標籤別人的話，或將人分類，令大家不再期望對方做甚麼新事。「她就是那樣。」有人這樣評議，並認定足以一錘定音。「那是他的慣常行徑。」我們嘀咕。面對工作的地方，或要周旋的制度，我們也可能有類似的印象：「這就是這裏的做事方式。」因此我們放棄求變，就算明明知道有更好的做法。再者，我們可能對自己被惡待或苦害默默忍受。但我們容讓自己被人虐待，並非出於謙卑，而是因為絕望，不相信情況可以改變。我們將命運——或慣常被虐——視為無以名之的權勢，牢牢籠住我們。

它影響我們對貧窮、戰爭、壓迫這些全球議題的反應。「這個社會問題太複雜了，我怎樣關注啊？」人們說。「我怎可能帶來改變啊？」許多落入貧窮或困局的人，也不相信會有出路。他們可能放棄了逃離社會經濟窘境的嘗試，不再夢想獲得較公義的生活狀況。

上述以至其他形式的宿命思想，映照出我們心底隱藏的絕望。這些思想要說服我們：命運是無以名之的權勢，牢牢籠住我們。就連宿命的副作用，也困擾著我們：宿命叫人依附一些慣性行徑，人若細究這些慣性行徑，會想速速作出改變！我們轉去一些對改變現狀無效且充滿傷痛的地方尋求滿足感，並耽湎於自己的抱怨、病徵、沉溺。

宿命的一大隱患，是令人抗拒醫治。我們成為失望的俘虜，深信任何努力都是徒然的。宿命使人誓死抓住舊有的物事。我們變得頑固，不願意探究任何在自己狹隘經驗之外的事情。宿命可以導致抑鬱、絕望，以至輕生。

約翰福音中那個躺在畢士大池旁邊的病者，是抗拒醫治的例子。耶穌問那人說：「你要痊癒嗎？」那個可憐人說他曾經努力想進水池得醫治，卻總是不及別人快。他的埋怨既是他身陷苦況的理由，也是他失意失望的證據。換言之，在他企望痊癒的同時，心中充滿了無力感，令他不去靠近耶穌。他曾經多番受挫，沮喪之至，早已失去盼望與渴求，不然為何耶穌要問他：「你要痊癒嗎？」（參看約五1～9）。

信心對宿命

面對一個處境，說「這不是我的責任」，可以是宿命的評語，也可以是信心的標記。畢竟，信心似乎與妥協關係密切。但信心同時要求我們宣告：「我要將自己交付那超越自己的。」信心與宿命迥異，二者判若雲泥。信心呈現的不是被動消極的妥協，信心引導我們滿懷盼望地順服。有信心的人，願意容讓新事發生，並且承擔意料不及之事的後果。信靠上帝，就能夠活在主動積極的期待中，而不是活在犬儒中。當我們將生命視為恩賜，從滿有大愛的上帝而來——而不是我們憑己力從不仁的命運強奪過來——就會記得在實在的核心，是上帝的愛。換言之，信心在我們心底生發一種新的動力，使我們樂意促使上帝的旨意成就。

新約聖經中的**信心**一詞，原文是一個古老的詞語，字面意思是「信任」。信心就是對一個事實寄予信任：上帝是良善的上帝，祂的良善始終會得勝。信心是一種親密、發自個人的信任，能夠對信任的對象說：「我將自己交付你那雙有力且慈愛的手中。」要分辨真盼望與樂觀，其實不是難事。真盼望不等於性情開朗，相信明天會更好。樂觀者說：「戰爭會結束。傷口會癒合。不景氣會過去。一切很快會好起來。」樂觀者可能是對的，可惜也有可能是錯的，因為沒有人可以掌控環境。

盼望並非源於對世界狀況的正面積極的預測，信心也不是建基於此。盼望亦非源於人生境遇的順逆。盼望關乎上帝。我們憑信心有盼望與喜樂，因為我們相信：雖然世界被黑暗籠罩，可是上帝已經勝過世界。耶穌說：「在世上，你們有苦難；但你們可以放心，我已經勝了世界」(約十六 33)。我們跟從的主，不為世上的患難所制限或擊潰。

耶穌會問我們：「你相信嗎？你信我嗎？你真的相信上帝賜你的是生命——祂真的如此愛你嗎？」當我嘗試回答這些問題，才明白自己當走的路尚遠，因為我裏面會響起聲音，說：「在我作出『信心飛躍』之前，我想確保一些準備工夫已經完成了啊！」每當我嘗試信靠，總會發現我在信靠之外附設了許多大大小小的前提；我的信靠愈多，心底的抗拒也愈多，我這才發現原來信心尚未穿越的層次還有很多！究竟還有多少層次留待信心穿越？沒有人知道。然而，我們的生命在每次投入更多信靠之後，都獲得更新；每次信心飛躍之後，新的可能又出現在眼前。

當然，心懷盼望，並不等於我們可以避開或漠視患難。其實，出於信心的盼望，在窘困中得以成長與煉淨。故此，出乎意料地，我們在盼望中所經驗的驚詫，並不在於凡事結果比預期更好。即或不是這樣，我們依然能夠常懷盼望度日。我們的盼望，建基於那位勝過生死患難的上帝。信心為我們提供通往上帝持續的同在之路徑，祂的同在帶來醫治。人在難關中仍可信靠，因為相信凡事皆有可能。信靠，就是容許自己有盼望。

因此，信靠不等於必須獲知將有何事發生。上帝想我們認識生命，但生命的意義正是蘊含無限可能。上帝想我們經驗醫治，但我們如何確切知道醫治的細節呢？上帝想領我們進到新的信心領域，但怎樣前去呢？經過哪些路徑呢？我們毋須決定一切，知道一切，甚至窺見甚麼。假如太想搞清楚一切，反而會失去信靠的心。有信心的人，願意信靠上帝，將事情的結局交託上帝的手——上帝是信心的根基。我們讓上帝安排那些我們極想知道卻不可能知道的、極想掌控卻無法掌控的具體細節。

這種在日常生活中專注永恆的操練，不會令心靈勞累。它不是咬緊牙關的掙扎追求。它關乎專注於上帝，多於專注於圓全，因此就算在極大的軟弱中，仍能渴慕看見上帝。韋依說得好：

> 太多時候，人們將專注誤解為肌肉的變化。某人若

> 對自己的學生說：「嗳！你們必須專注！」他會看見他們緊鎖雙眉，摒住呼吸，繃緊肌肉。若在兩分鐘後問他們專注在甚麼事情上了，他們會啞口無言。因為他們不曾集中精神在甚麼事情上，他們並沒有專注。他們不過在收縮肌肉而已。……（這種拚勁）令人勞累，我們以為自己在努力。這是錯覺。勞累與努力毫不相干。……惟獨在喜樂中，心智才會成長，成熟。[2]

這段話對靈命操練極富啟迪。靈命成長——得以脱離宿命思想——的關鍵，乃是渴慕上帝。遠比任何方案或技巧更重要的，是一顆開放的心。何時開放？每天每時每刻。

真實時間與鐘錶時間

出於信靠的盼望，可以改變我們與日子及時間的關係。我們總是傾向將時間看為「時序」（chronology／*chronos*），就是一連串互不相干的事件及意外。這是我們自以為可以管理時間或完成任務的方法；同時我們又感到自己成了日程表的奴隸，因為這看法令時間變成負累：將時間切割為星期、小時、分秒，任由零碎的片刻制約我們的生活。

我們尚未全然歸主，因此常浸淫在鐘錶時間裏。時間變成達致目標的手段，而不是親近上帝、關懷別人的時刻，而我們還相信好戲在後頭！歡慶、祈禱、夢想的時間都被擠走了。難怪我們覺得既疲累又沮喪！難怪我們對時間的體驗，總是感到無助或貧乏。

然而福音書有時間「滿了」的形容。我們所尋找的，其實早已在我們身旁。默觀大師梅頓（Thomas Merton）說過：「聖經很留意時間的圓滿性（fullness），就是事件發生的時間、情緒被觸動的時間、豐收的時間、慶祝豐收的時間等。」[3] 因此我們開始學會不將歷史視為一連串事件的輯合，中斷我們「必須」成就的目標。我們以信心的眼光看待時間，這信心建基於上帝是歷史的主。我們看到今年的諸多事件，不是一連串的事件與意外——無論是喜是悲——而是上帝的手在陶造我們，要我們成長、成熟。

因此，我們必須將時間從「時序」（*chronos*）化為「時機」（*kairos*）——時機是新約聖經的希臘原文用字，關乎機會，也關乎目標達成的最佳時刻。能夠這樣的話，就算人生備受考驗，難關不絕，我們仍可以說：「在這一切之中，有美好的事在發生。」我們有機會瞥見上帝在平凡的日子如何成就祂的旨意。時間由此不僅是要度過、操控、管理之物，而是上帝與我們同工的所在。無論發生甚麼事——好與壞，開心與煩心——我們都可以思考、提問：「上帝在這事上要成就甚麼？」我們由此將生活中的事件，看為一幕幕改變心靈的場景。時間指向上帝，也向我們述説關乎上帝的事。

然而，我們身處一個很不耐煩的社會文化。我們甚麼都想要，而且想快快到手。我們又覺得自己有能力消除痛楚、醫治傷口、填補漏洞、創造意義重大的體驗，而且立竿見影。要知道自己有多不耐煩，其實不是難事：我們都有夢寐以求的計劃與方案，假若有難題出現，我們馬上就變得煩躁不已。

將時間視為時機，有助我們在信中忍耐。有了這種忍耐，就能夠將日常生活中的每件事——無論是意料之中還是意料之外——都看為上帝給我們的應許。忍耐變成我們所持的一種態度，它告訴我們，不可強求人生如己所願，而應該讓人生按它的時間與規律成長。心存忍耐，有助我們將遇見的人、遇見的事，以至當代的時局形勢，看為成長的緩慢過程的一部分。

不耐煩的另一面，是苦悶。當事情並不如我們計劃的一般發生、當我們看不見眼前有任何好事、當我們不再被自己的計劃與方案吸引注意，我們很大可能已陷入苦悶。苦悶也可能源於宿命思想，因為看不見諸般經驗之間的連繫。日復一日，年復一年，一切話都已說盡，日光之下無新事，人生就像如鏡湖面上飄浮的枯木。

要抵擋不耐煩與苦悶，可不容易。耶穌講過一個比喻：十個童女拿著燈去迎接新郎，有五個是愚拙的，竟不確保所帶的燈油夠用（太二十五 3）。結果新郎最後來到時，她們的燈滅了。我們也像那五個愚拙的童女，沒有能力叫新郎早點出現，就在抱怨中乾等，終於用盡燈油。我們錯過了滿足心底渴望的機會。這邊廂是對成就大事的不耐煩，那邊廂是心願難償的苦悶與厭倦，這兩樣加起來，正好表明我們忘記了一件事：生命得以長成圓全，乃是藉著等候——很多時候是藉著受苦。

不願禱告

昔日我在哈佛神學院教授靈修神學時，偶爾有學生向我表達他們希望自己更忠於上帝，更多禱告。他們會說：「我想重頭做起。」或是：「我想有意識地培育靈性。」或是：「我覺得自己在轉折點上。」

亦有學生猶豫不決。有個學生寫道：「我很害怕這個課程……」她知道向基督敞開心窗必然要走出自己的舒適圈——「學習面對自己的問題並予以清除，然後在新造之境聆聽上帝的聲音。」另一個學生擔心要大費周章，才可勝過心底的疑慮。他坦承道：「我想做個屬靈人，但同時又抗拒這事。」

我告訴我的學生：我們都要面對世上的惡。雖然靠著聖靈，我們獲得力量與醫治，能夠勝過世上的惡，但這不是一條容易走的路。沒有人能應許你一條容易走的路。我們都面對挑戰，向上帝及彼此奉獻所有，而惟有藉著操練，方可達至這境地。我的一個學生說得好：「我會努力敞開心扉，不讓自己的心變得剛硬。」我們在心中保留空間，對福音進行全新的探索。

如何讓這種對上帝的開放——向上帝那帶來釋放的同在開放——滲透我們的禱告？我常常聽到有人說（我也常對自己這樣說）：「我有太多事要處理，以致忽略了禱告，以及上帝在我們生命中的作為。」我一個學生將她與上帝的關係形容為「心中的火，為我外在的生活關注提供動能……我不想這火熄滅啊」。關鍵在於兩個寶藏：記憶與期望。

回望人生

我們先回望過往生活中那些看似毫不相干的事件，怎樣導致此時此刻的光景。以色列民不住反思他們的歷史，並在回歸耶路撒冷的幾次慘痛教訓中省察上帝的引領；我們也要停下來，從那些建立或拆毀自己的事件中，辨明上帝的同在。如果我們不重視追想，就是容許被遺忘的記憶在心中成為不受約束的力量，損害我們的言行、人際、祈禱。桑塔亞那（George Santayana）提醒我們，忘記自己過去的必然結果，就是重蹈覆轍。忘記過去，就是將原本最親近的師長化為仇敵；可以斷言的是，這樣一定找不到通向信任與盼望的路。

梳理記憶，從某種意義而言，乃是保留痛苦的回憶。誠如迪普雷（Louis Dupré）所言，一個神經兮兮地不斷想著過去的人，其實不是在追想過去，而是在試圖複製過去——藉著重溫某些慘痛事件，嘗試獲得不一樣的結局，異於原本那個他們無法接受的結局。然而，記憶不是複製過去，而是將過去帶到有醫治可能的現在；它將新生的氣息帶進久逝的物事，以新的內容取代。

記憶也提醒我們追念上帝的信實，無論環境順逆哀樂。它讓我們見到上帝如何從最難應對的處境帶來益處。能夠這樣追憶，也就能夠活在當下。這不是說要活在另一個時空，而是懷著自己的整個人生活在當下，並且意識到生命有無限可能——這是我們原本沒有期待過的。

由此可見，記憶與將來大有關係。沒有記憶，就沒有期望；少有記憶，也就少有期望。記憶讓我們穩站於過去，活在當下，更為我們開創新的將來。

展望前路

當盼望長駐心中，我們對每分每時每日的感受就變得不一樣。梅頓在一封寫給時任「復和團契」（Fellowship of Reconciliation）總幹事弗洛思（Jim Forest）的信中，有這麼一段話：「真正的盼望，不是建立在我們自信能夠做到甚麼，而是建基於上帝：祂能夠在我們發現不到益處的事物中為我們帶來益處。」

盼望並不取決於地上的和平、世界的公義、生意的成就。盼望意味著接受未有答案的問題仍舊未有答案、未知的前景繼續未知。盼望讓你看見上帝引領的手——不但在和煦愉悦的時刻裏，同樣在失望幽暗的陰霾中。

無人可以百分百肯定十年或二十年後自己身在何方。你不知道自己會是自由的還是被俘擄、獲尊崇還是被厭棄、相識遍天下還是朋友不多、受歡迎還是被拒絕……但只要你從容看待這些夢想與恐懼，就能夠以開放的心，視每一天為新一天，並且天天以自己的生活，為上帝愛世人的獨特表現方式。

聽過那個古老的說法嗎？「生命仍在，就有盼望。」我們既為基督徒，也可以倒過來說：「盼望仍在，就有生命。」盼望能否改變生命？能否消除憂愁與宿命思想？有個故事給我們提供了答案。

有個兵丁在戰場上被捉，成了俘虜，被火車解到敵方。他遠離家鄉，失去家人，眼前的一切陌生不已。他倍感孤單，與家人的通訊斷絕，甚至不知道他們是死是生，祖國又是否被打敗了。總言之，他喪失了活下去的理由。

然而他意想不到地收到一封信，殘破信封上的字迹，早已模糊一片，似乎經歷了不少日子，才終於送到他手上。信中寫道：「我們等著你回家。這裏一切安好，不用擔心。」眼前光景立時不同了！他身處的狀況不曾改變，他仍要做苦工，整天餓著肚子，但如今知道有人在等著他獲釋回家。盼望改變了他的生命。

上帝也寫了信給我們。祂在基督裏啟示的好消息，宣告了我們所需的盼望。有時候我們覺得聖經的話似乎無關痛癢，對我們沒有絲毫吸引力，然而就在這些話中，基督向我們宣告：「我在等你。我在為你預備地方，這地方有許多住處。」使徒保羅告訴我們說：「要心意更新而變化」（羅十二2）。我們聽到的是一個應許、一個邀請——指向另一種生命，一種我們單憑己力想也不敢想的美好生命。

正是這樣的盼望，使我們有新力量度日。就算在憂傷與患病以至死亡中，我們仍然可以毋忘盼望。

我們瞥見這種生活方式——即使必須承認不過是隱隱看見，又只是勉勉強強地踐行！偶爾我要告訴自己：「我在努力持守信仰，就是能夠信靠上帝，雖然這信靠尚未完全。」我要敢於這樣告訴自己，縱然萬事都不圓全，縱然明知別人會抨擊我的行動，縱然害怕自己的限制會令眾人——包括我自己——失望。即使我未能全然明白真理，我仍然相信真理在彰顯。我仍然相信，上帝會因著祂的恩惠與深不可測的能力，成就我不能成就的事。

期望之弔詭，在於那些相信明天的人，才能夠好好活出今天；那些期待喜樂出於憂傷的人，才能夠發現新生命綻放於舊生命；那些盼待主再來的人，才能夠發現主原來早已在他們中間。正如母親在等候兒子歸家的日子，對兒子的愛仍能有增無已；正如戀人經歷長時間分開，仍然能夠熟知彼此；我們與上帝的關係，在默默等候主再來的時候，也能夠變得更深厚、更親密。

要懂得盼待這種成長——就算僅僅相信有這種可能——就要堅拒任何形式的宿命思想，也就是不要對自己說：「我很了解自己——我無法期望任何改變！」就算明知時不我予，又身處一個滿有焦躁與暴力的世界，若我們仍能肯定生命，就能拒絕向自己潑冷水，就會相信人生有希望。因為啊，即使我們在哀慟中，也不致忘記，我們的生命至終必然能夠融入上帝那更大的生命與盼望之舞。

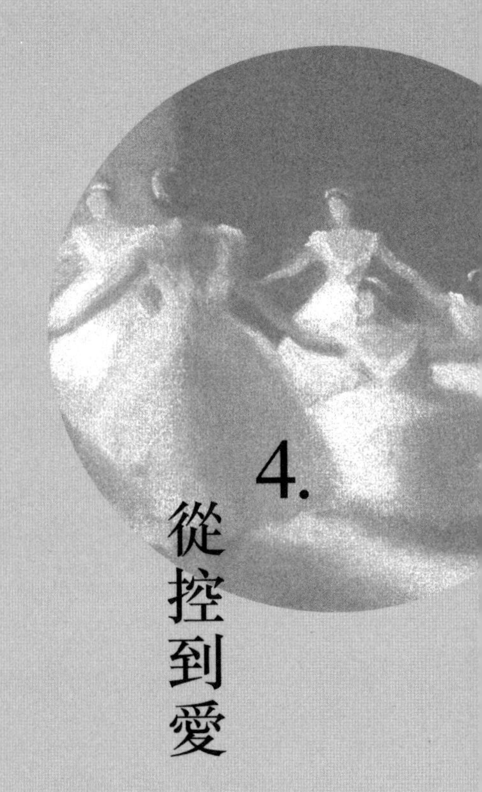

4.

從控到愛

假若有人問你：你是否一個有憐憫心的人？你可能會快快回答：「是啊。」或者最起碼你的答案也是：「應該是吧。」但我想你停下來，考究一下**憐憫**的意思，你的回答可能就不會那麼衝口而出。因為 compassion（憐憫）字根的字面意思為「共患難」（suffer with）；換言之，「憐憫人」是「分嘗對方的苦難」。若從這個角度去理解，憐憫就不僅是泛起一點同情心，或說出一句同情話了。

有憐憫心的人，乃是願意與別人共度幽暗時刻的人。這意味著走進痛苦之地，面對別人的苦痛，不畏懼不退縮，也不假裝看不見。憐憫是伴在苦難者身旁。憐憫制止我們的嘴唇發出輕率的話，阻止我們亟亟為認識或愛眷的對象解釋他們所遇見的悲劇。

你可能會想，這樣敞開自己，面對別人的苦痛，無疑會加添自己的苦痛。試問有多少人願意奔向苦難中的人？要面對別人的哭泣、哭號、哭訴，有誰覺得是輕鬆的事？在窮困、艱難、哀慟面前，我們會對自己說：「我還是躲在比較舒服自在的地方好了。」這是我們的天性。

就算我們能夠勝過躲開的試探，懷著同情心去聆聽受苦者的話，但可能仍想逃避或躲開對方的苦痛。試想像一下，若有人來到你面前，說：「我想跟你談談我失望的心情。我不知道我這樣子下去還可以撐多久。」你與我的即時反應，就是去安慰對方，平伏對方的情緒。「你的情況沒有你想的那麼糟糕啦……」我們可能衝口而出。「往好處看吧，塞翁失馬焉知非福呢？……」

記得我任司鐸時曾經探訪一個婦人，她住的社區剛經歷颱風及洪水肆虐，家園盡毀。她孑然一身，絕望地盯著災後破爛的房子，自言自語：「我是個多餘的人。我的存在毫無意義。自從丈夫死後，我不過是自己、兒女、鄰居的負累，沒有人再需要我。我只有一件事可做，就是死。」我以前認識的她，是個健談又外向的人，如今判若兩人。

「你沒有理由不開心嘛，」我說。「看，你有兒女，他們都愛你，又喜歡探望你。你有可愛的孫兒女，他們也喜歡見到你，與你相處。你的兒子已計劃來修理這房子了。還有啊，這社區裏沒有誰比你更能夠對抗這颱風的衝擊了。」

我的話實在是幫倒忙，令她心情更低落，更被內疚所困，更有壓力要以笑臉面對困境。我的話不是安慰，而是對她的指責。我等於對她說：「總而言之，論據顯示，往好處想遠勝往壞處想！」我根本沒有接納她的感受，反而快快又不斷用一大堆「好理由」去轟炸她！我離開之後，她比原本更愁苦、更勞累，因為我連好好聆聽她的話也做不到！我甚至不容許她在哀愁中表達哀愁！

太多的人際交往中，我們都在逃避苦痛。我們試圖協助朋友速速處理哀傷。我們急於想方設法令孩童或衰弱的阿姨恢復歡顏。其實我們的行動，並非出於真心的「共患難」，而是出於想逃離不安的感覺，我們害怕自己會感受到那種不安。我們暗暗地、不息地渴想避開有傷痛的地方。當然，我們的逃避不能幫助人，只會令那些需要我們關心的人產生抗拒，對我們避之則吉。

我們這樣面對別人的苦痛，其中一個原因，是我們也這樣避談自己的苦痛。我們不願意靠近別人的患難，因為自己不願意受苦。別人的艱困提醒我們，我們也有可能遭受同樣的艱困，而這樣的提醒令人不安。不過，當我們不願正視別人的患難、不想與受苦者站在同一陣線，對方會感受到一種壓力，覺得要表現出快樂的模樣。更糟糕的情況，是我們持續不斷地否認自己的損失，這導致我們益發渴想操控別人的生命。心理分析學者格魯恩（Arno Gruen）在他那富精闢獨到見解的著作《出賣自我》（*The Betrayal of the Self*）中，提出有力論據，表明「我們的殘忍與麻木的真正源頭，乃是拒不接受自己的患難」。[1]

我們可能會落入幻覺，以為自己擁有他人，可以指使他人，甚至有權操控他人的感受。藉著提供輕率的解決方案、快快作出保證、將想法加諸他人，如此，我們不過是滿足自己快刀斬亂麻的需要而已。我們以這種「安慰」介入，不過是將受傷的心靈視為物件或方案罷了。

這樣的做法，乍看好像能夠將自己隔絕於他人的傷痛與需要之外，但其實至終亦難以令自己獲益。它把我們困在己所築起的安舒區。以佔有為基礎的關係，會產生許多失望。我們企圖操控他人的生命，或操縱他人對苦痛的反應，但結果往往都是不奏效的。我們對他人患難的抗拒，會構成對他人的壓力，至終扭曲以至損毀雙方的關係。結果我們變得更孤單，更深陷在自己失望或哀愁的圍牆中。

別人為何失望

雖然在我們這樣的時代，人們似乎對友情、伙伴、羣體深感興趣，但關乎人際關係的壓力——其實也包括各式各樣的壓力——卻益發增添。許多新書和雜誌自詡能解答人際關係的疑難，然而同時，分崩離析的家庭數目卻屢創新高。愈來愈少年輕家庭有長輩支援，數代同堂的大家庭漸趨式微。我們活在瀕臨解體、孤苦無依的景況。

縱使流行心理學，還有許多講論建立人際關係的課程、講座、工作坊常為我們指引明燈，但我們還是不快樂。由於我們的社會強調心理學與人際關係，我們於是將消費心態引入親密交往中。我們期望朋友及配偶付出過於他們所能夠（或願意）付出的。不少苦痛其實源於孤單，而這孤單因著我們對人的需索而增添。

精神病醫生賀拿（Thomas Hora）以「十指緊扣」形容我們社會對人際關係的強調。十指緊扣的方式，最終只能達至僵局，因為接著惟一可行的動作就是鬆開——卻早因十指過於緊扣而帶來磨擦與痛楚。

基督信仰所提出的另一個意象，乃是「雙掌合十」，就是祈禱的手勢，十指皆指向己身之外，而且能夠自由觸碰其他手指。惟有這樣的方式，才能真正使人際關係持久，因為惟有這樣，人才可以經驗互有往還的愛，這愛指向那更偉大的起初的愛。由此，我們在彼此的眼中成了「人」（person）——查究 person 的字根，*per* 意思是穿透，*sonare* 關乎聲音，person 因此有「響透」的含義。換言之，何謂「人」? 就是容讓那比自我更大的愛在身上「響透」、流通，而不是去緊抓它。我們得以向彼此彰顯屬天的愛，這愛環繞我們，維繫我們，同時給予我們廣闊空間，容讓我們自由活動。

論到生命中最重要的關係，上帝斷不是一種補遺。在人際關係中，我們發現其他人的存在，時刻提醒我們上帝的同在。友誼、婚姻、主內肢體的關係，都可以顯明上帝那起初的、無遠弗屆的大愛——我們也參與其中，成為上帝大愛在人間的標記。

渴求被接納

我們未能如上所述去愛，這虧缺主要見於幾方面。其一，我們極度渴求被稱為義，這渴求源於期望得到身邊重要人物（以及未必真的那麼重要的人）的喜愛與接納。許多我們自以為是為人著想而做的事，其實不過是心底需求的彰顯而已：我們冀求在其他人的稱賞中發現自我的身分，這冀求令我們不能自由自在地做人和愛人。梅頓說：「那些試圖為別人、為世界行事的人，如果沒有加深對自己的認知、鞏固個人的自由、堅定個人的品格、增添愛人的心力，那麼將不會有任何東西可以付予別人。他們可以傳播給世人的，無非是自己的耽迷、兇暴、自我中心的宏願……教條式偏見與意念而已。」[2]

這正是梅頓批判我們妄動（activism）的核心所在，也是我們未能愛人的第二種情況——試圖操控人，或愛人卻附帶條件。結果我們為別人做事，只是出於「為做而做」、為了自己的益處。這種妄動是為了沽名釣譽，它由罪疚驅使，覺得自己有所虧欠，必須賺取義德或喜愛。歸根究柢，妄動將一己未得滿足之渴求置諸行為之中軸，因此就算是在幫人，也無法帶來正面的效果。

由此產生一個惡性循環：愈是努力令自己稱義，愈是有心無力；愈是肩負重擔，愈將一己未得滿足的渴求卸到別人肩上。難怪我們的言語不能幫助人，我們的同在也不能帶來醫治！梅頓對他朋友弗洛思說：「你所能夠帶來的益處，並不源於你自己，而不過是因為你能夠容讓自己——出於信靠順服——為上帝的愛所用。你要多點思想這事，然後會漸漸得釋放，不再需要證明自己，因而能夠從心底獲得力量；這力量在你裹面動工，而你甚至覺察不到。」

惟有當你確信上帝仍在世上積極作工，上述情況才會發生。上帝從未停止在我們的羣體、我們的世界作工，祂時時刻刻作工不息。妄動乃是源於不信，以為上帝不會或不能在世上行事，因此要以自己的行動補足上帝那所謂的遲緩或停工。然而，其實我們要做的，是確保自己所幫忙、所服務、所事奉的一切，皆非源於上帝的缺席，而是回應上帝早已開始的工作罷了。

禱告令我們定時與上帝接觸。禱告令其他人不再是我們批評、論斷、誤判的角色，也不再是我們可憐的對象，等候我們運用美好恩賜去救助。禱告令我們將其他人視為即將領受愛的人，這愛深植我們心中，並早已存於世上。

禱告有助我們除去那攔阻我們真心愛人的第三個絆腳石：爭競的心。我們的確滿心爭競！我們都想出人頭地，與眾不同，鶴立雞羣。我們懂得巧妙地與人爭競，看似漫不經意，很多時候甚至不自知！就算在服事別人之際，其實我們也在暗暗與人比較，擔心別人怎樣評價我們。我們渴望知道自己的服事是否比別人優勝！我們在憐憫人的同時，有自我實現的渴求。

我們經常這樣，偶爾甚至藉著與別人比較來建立自我的身分。可以肯定的是，我們難以完全放棄覺得自己與眾不同的意識，難以完全進到弱者的所在，難以完全分擔別人的苦痛，因為我們的自我意識太強，野心太大。

憐憫，做得到嗎？

由此可見，無論我們的動機有多好，憐憫都不是組成我們生命的元素，也不是我們的即時反應，反而與我們的天性相違。我們甚至會懷疑：憐憫，真的做得到嗎？

這觀點可以產生一個有益的結論：完整意義上的憐憫只出於上帝。福音的核心信息，就是惟獨上帝——無與倫比的那一位——能夠真心實意地憐憫人。耶穌能夠那樣與人親近、關心人、挑戰人、醫治人、關顧人，乃是因為祂行事不仗賴人，只仗賴天父。耶穌與人交往時，眼中只有對方，沒有自己。套用心理學的詞匯，耶穌的關心不帶私己的動機，祂心中問的不是「怎樣可以令我滿足？」，而是「怎樣可以回應你的真正需要？」。耶穌做得到，只因祂獲得了更大的滿足，經歷了更深的親密關係，因此可以付出關心。當你有了蒙愛的經驗，你對別人的愛就可以不帶條件，因為不用從對方獲得滿足。

試想想那些曾經大大影響你的人。當我回想那些影響我至深的人，總教我詫異不已：他們根本沒有嘗試要影響我，也不需要我作出甚麼回應。相反，他們從心底散發著自由的氣息。他們讓我看見一個事實：他們並非只顧自己，而是不斷顧念比自己更大的事。他們的心思停駐在比自己更大的實在，並從中獲得益發增添的自由。這關注、這內在自由、這靈性自主……自有一種奧妙無窮的感染力。

真正的事奉，始於懂得將人引領到比自我更大的物事跟前——就是存有的中軸、不可見的實在——天父，祂是生命與醫治的源頭。

良善雙士

若然如此，怎樣可以進到那個境地，經歷那深渺與改變人的愛？體驗別人的甘與苦，又怎樣救我們脫離自我的牢籠，獲得更大的喜樂？我們破碎的人際關係，如何能夠得到醫治？我們如何擁有上帝的慈心？我們懂得愛，因為先有被愛的經驗。耶穌在禱告中，找到獨處之境，並在其中尋獲這先被愛的經驗。我們在服事人之先，必須學會不以對方的回應來界定自我。

藉著兩個操練，我們可將上述取態深植於心。其一是獨處（solitude）。獨處並非出於反社會情緒而退到靜默中。獨處是孤身一人，卻未必是需要醫治的憂傷狀況，而是在心靈創造一個空間，讓上帝前來與我們相交。事實上，「獨處」一詞有豐富的含義，與兩個相關詞語大不相同。**孤身**（aloneness）通常是中性的形容，描述一個人的狀況。**孤單**（loneliness）則隱含淒涼之苦或與人異地相隔。然而獨處蘊含喜樂與機會的意味。對基督徒來說，獨處不僅等於孤身退隱在樹林、沙漠或山頂，更意味著敢於進到上帝的同在。換言之，獨處不是孤身一人，而是獨自與上帝同在。

獨自與上帝同在時，你會做甚麼？我們許多人會東想西想、談天說地、祈求代禱。但其實獨自與上帝同在時，至關重要的是聆聽！獨處，就是能夠聽到一個聲音，稱你為「蒙愛的」，它引領你翻開下一頁歷程，對你說——正如在福音書裏天父對耶穌說——「這是我的愛子，我所喜悅的」(太三 17)。

「**蒙愛的**」這三個字在我們生命裏激起何等巨大的回響！每個人耳畔都會響起那些似乎代表上帝而發出的聲音：「你要證明自己，要揚名立萬，我就向你顯現，讓你獲得愛。」又或聽到：「你要做有用的事，確保有人稱讚，又要確保擁有金錢、財產、影響力，我就會愛你。」基於欠缺安全感，我們會聽從這些聲音，然後整天忙箇不休，向人證明自己是值得注意、值得讚賞的好人，理應獲得愛與關懷。

我們爭勝要強，務求增添影響，留名青史。我們常稱之為「召命」，但耶穌稱之為「試探」。魔鬼曾經力勸耶穌從聖殿頂跳下，讓羣眾見識祂的能力；又或將石頭變做餅，證明祂事奉得力。然而耶穌已經聽到天父稱祂為愛子，是蒙愛的，這是祂行事及理解召命的根基。祂不會只顧做淺浮的好事，以致失去焦點；相反，祂不斷彰顯上帝的同在。

有一個聲音向我們宣告：我們在基督裏蒙上帝所愛，這並不出於我們的名聲或德行，而是因為上帝早已用永不止息的愛來愛我們；雖然這聲音不容易聽見。有人說：「我甚麼也聽不見。」事實上，我們太傾向、太慣於聆聽上帝以外的聲音了，這些聲音讓你聚焦在「成功」或「成績」上。我們有時會覺得腦海中只有這些聲音，不斷催促我們去這裏、做這事、完成這任務。然而，其實我們也企求另一個聲音。

我的意思不是說你我事奉，不應理會有沒有成果，或不應擁有或享受任何財產或物品。我也不是說我們不應從別人獲得愛與關懷。我的意思是，我們的身分應該惟獨建基於上帝的聖言——祂說我們是「蒙愛的」——而不是建基於世界給我們的飄忽不定的諾言。我們在基督裏蒙上帝所愛，這在我們生前已是事實，在我們死後也是事實。在我們一生中，不論發生甚麼事，都不能否定這事實。

范尼雲（Jean Vanier）是方舟團契創辦人，方舟團契是一個關懷殘疾人的網絡，黎明之家是其中一分子。范尼雲在創辦方舟團契之前，花了十四年獨自禱告、閱讀、尋求上帝指引。他從沒有想過要創立一個大機構，而不過是在與上帝相交之際，決意邀請兩個極度傷殘的人與他同住，就此成立了一個服事、敬拜的信仰羣體。范尼雲沒有說：「我必須幫人，愈多愈好。」他也沒有突然宣告：「讓我們為世上的智障人士做點事吧。」他只是聽到一個聲音，對他說：「找兩個可憐人，跟他們同住吧。」

於是范尼雲去到院舍，找到兩個唐氏綜合症（Down's syndrome）患者——兩個無父母、無家人、無親友、無訪客的可憐人。他租了一個小房子，說：「我們成立一個家吧。」他們稱之為方舟，意念源於聖經中的挪亞方舟（L'Arche 是法文，法文是范尼雲的母語）。這個源自獨處中聆聽上帝聲音的簡單舉動，其後發展為一個網絡，如今共有三千個成員——包括殘疾者及照顧者——組成小家庭，遍佈世界各地。

論到獨處，我們在生活中大有實踐機會：如何與自己的傷患共處，並與其他受傷的人共處。我們整天花費許多時間去想兩件事：誰在傷害我們？我們的傷疤在何處？事實上，我們確然不斷受傷，而傷害我們的是那些愛我們的人：父母、兒女、同事、朋友、配偶。因為無人能夠滿足我們心底對愛的渴求，所以我們必須在獨處中學會饒恕。

這是一生的挑戰。每天清晨在吃早餐之前，我的腦海已經浮現了二十個想法，關乎身邊的人應該怎樣改變他們的行事為人：但願他們有所改善，起碼不要每次都遲到，不那麼粗暴⋯⋯我們必須不斷學習常懷憐憫心待人，因為按我們天性，乃是只顧渴求完美之事，然而我們在現實中總是活在不完美的狀況裏。與我們同行（或相撞）的人，總是活得不完美，也愛得不完美。

人生在世，有人很懂得愛我們，有人不懂得愛我們，但無論如何，上帝的愛臨到我們中間。假若能夠在喧鬧生活的滯礙與紛擾中尋獲上帝的愛，就必發現，在任何人撫慰或傷害我們之前，原來上帝的愛早已存在。上帝的愛永不消逝，就算我們不再存於世上。獨處，乃是將自己抽離於世上的雜音，幫助自己重新聆聽愛的聲音。

你若相信自己是蒙愛的，就能饒恕他人，就算自己不能獲得饒恕。因為你可以這樣說：「我現在釋放你，我願意饒恕你——就算你不能夠饒恕我——因為我是蒙愛的。」你可以重新上路，宣告：「我求你饒恕，就算你此刻未能饒恕我，甚至將來或許也不會。」

當然，獨處不是容易的事。今日太多高科技通訊工具圍繞我們，總在爭奪我們的時間及注意力，令我們難以躲開其他人的耳目。有沒有試過靜靜地坐在椅子上一個鐘頭，周圍沒有電視、報紙、收音機、電話、喋喋不休的談話？就算你成功脱離嘈吵的人羣，獨自待在安靜的空間，腦海中仍可響起許多聲音，令你精神無法集中。

不然，我們為甚麼還要將獨處看為操練呢？獨處要求我們集中精神，因為在獨自之際，很難完全忽視自己被棄或無用的感覺。我們很想向欠缺安全感的自我確認：「我」確然存在！在安靜中獨自與上帝同在，乃是要求自己別再聽從上述那些不斷響起的聲音。我們定意在安靜中等候，等候與上帝相交，也等候那些自己料想不到的深邃洞見。

要獨處，就必須操練安靜（silence）。藉著所聽所說的一切，也藉著定意不聽不說的一切，我們投入聖靈的生命。藉著在安靜中的聆聽，聖靈得以在我們裏面和羣體中彰顯，正如救恩的話語及醫治的作為，也在我們裏面和我們當中彰顯。

當然，安靜可以很嚇人。很多人因恐懼而安靜或就範。安靜可以使人麻木、壓抑，這種安靜不能生出甚麼新事。言語若非生於安靜，可以打擊人、傷害人。很多人喋喋不休，以言語壓迫人、操控人。説話變成一種算計。這樣的交談不會帶來醫治或有助相交，徒為生活添煩添亂，令人錯失相交時那豐實的安靜。

相交而得的釋放，乃是重修安靜與説話的密切關係，令兩者都能夠結出果子。人生既有説話、振臂吶喊、啟迪他人的時刻，也有安靜的時刻，而我們的安靜，能夠帶出最深刻的事奉——就在上帝差遣聖靈臨在之際。無論如何，我們在安靜中經驗上帝，也在説話中經驗上帝。福音書記載耶穌「到曠野地方去，在那裏禱告」(可一 35)，耶穌也將天父賜下的話説出來(約十四 10)。安靜與説話，二者皆不可少，而耶穌乃是在安靜中獲賜合宜的話語。

當獨處遇上獨處

由此我們得悉羣體生活是怎麼一回事：滿有信心與憐

憫，真心實意地幫助受傷者，為患難者帶來愛。因為羣體不僅是一羣人住在一起，它也是「獨處與獨處相會」。帶來醫治的接觸、眾人之間的深交，此二者出現的先決條件，是羣體的成員親身嘗過彼此相愛的滋味，而當中不存在操控或算計。

孤單亦與孤單相會，渴求亦與渴求相撞，但這當然是很不同的事——這些接觸將人困在複雜難纏的處境。難怪人與人之間的相處很不容易！我不知道你是怎麼想的，但對我來說，當我前去關心別人，心底總會出現一個聲音，說：「求你愛我吧，沒有你我活不下去。」在你還沒察覺之前，我對你的關心已不再是憑著愛伸出援手，而是淪為出於迫切需要的攫取了。

我們變得兇暴，正是因為期望從別人獲得的，比他們所能付出的更多。當我們想從別人得到屬天的解救，就立時將對方封為神明，自己則化為惡魔。我們的手不再輕撫，而是緊抓對方。我們的嘴不再親吻對方或發出恩言，而是咬噬對方。我們的眼不再帶著期盼，而是帶著疑懼。我們的耳不再聆聽，而更傾向偷聽。每當我們以為有一個人，或一羣人終於前來除去我們心中的恐懼與憂慮，但至終只落在挫敗中；然後我們發現自己不僅沒有變得溫和，反倒變得兇暴。

羣體不可能生於孤單。羣體的出現，是當人們開始醒覺自己的「蒙愛」與其他人的「蒙愛」相會。活在我裏面的上帝，與住在你裏面的上帝相會。當其他人不再事事以我為中心，我就反而能夠接納一個事實：其他人對我來說乃是恩賜。他們是上帝大愛的部分彰顯，但確是彰顯。惟有當我不再要求其他人事事以我為中心，不再要求他們成為上帝，我才能發現他們是恩賜。簡言之，其他人是上帝無限大愛的有限彰顯。

與其他人一起生活、服事、敬拜，乃是進到這樣的境地：我們聚集一起，彼此提醒，我們乃是互相倚靠——我們不是上帝，不能靠自己滿足自己的需要，也不能完全滿足彼此的需要。這對我們來說，是既令人謙卑又令人自由的美事，因為在這樣的地方，每個人都在恩待其他人。我們不是上帝，不等於不能夠默想上帝的無窮大愛（雖然只是一孔之見）。羣體是充滿喜樂與歡慶的地方，我們可以自發地說：「對啊，我們開始靠著基督得勝了。」

這是十字架的勝利。愛勝過死亡。羣體是見證，不斷讓世界看見在團契的新生活裏，有值得歡呼、喜不自勝的事：離開死亡的肅殺，宣告人類不再需要恐懼。感恩的心源於一個洞見，明白有美好的事從其他人而來，白白賜給我們，這乃是一種恩寵。就在我領略這洞見的一刹，感恩之心油然而生，不再不斷需要有人支持、擁護我的「目標」。

操控以外

羣體生活有助我們破除自己的狹隘觀點。人若將生命（及他人）視為有待擁有、控制、征服的財產，就很難有正確的觀點。你若緊握一朵花，它的美會消失，花瓣會凋謝。你若針對朋友的弱點施壓，是可以令對方屈服，但你們的友誼會消逝。你若以征服者的姿態與人交往，人家只會隱藏真實性情。這樣的人生只會充滿暴戾與猜疑。用操控手法得來的人際關係，人人都戴上假面具，掩飾自己，收起真性情，甚麼都不讓人看透。

人與人之間若然如此交往，人人就變成被定義、標籤、分類、操控的角色而已。要抗衡這事，禱告是一大幫助。在禱告中，我們將生命整體看為恩賜，而人就是最大的恩賜。人不再是棋子，用來成就自我的計劃與野心，而是羣體的伙伴、學習的對象。在禱告中，我們發現其他人不僅是某一類角色。當我們視彼此為實實在在的人，就能獲得遠超己力所能達至的平安，以及更深更廣的愛，是單靠自己盛載不來的。

當大家看彼此為人，就看得清彼此的真面目，心中的光會透射出來，上帝也可以透過我們說話。當我們成為能夠突破個人角色制限的人，上帝是愛，祂會在我們中間啟示祂自己，將我們結連成一個羣體。我們會摘下原本的面具，向彼此顯出主上帝的慈容與榮光。

我們的文化令人很難看得透他人，因為大家總是看彼此為不同角色，為自己的不同需要效力。「他擅長這事。」我們說。「她擅長那事。」我們都想利用別人。當然，我們偶爾必須按他人的特定角色與他們交往——教師教學，文員負責文職，但我們仍要記得，人不限於其角色。假若你能不將我局限於我的功能或工作，我就能夠慢慢與你在更深的層次交往了，也就是說我在你眼中成為人了。

能夠與其他人真心相交，就能夠觸及至美與驚詫。我們彼此映照出來的實在，往往是自己原本從沒發現的，也是未能完全理解的。因此，操練禱告，乃是將世界從黑暗化為光明、將世人從角色化為人。

不再有仇敵

福音信息滿含憐憫的元素，就是願意「共患難」的愛，即使對方並非我們自然而然會愛的對象。耶穌藉著祂的言與行——更藉著祂的生與死——向我們顯示上帝就是愛。上帝甚至愛那些不可愛、惹人厭的人。耶穌呼召我們，生活要建基於屬天的愛。祂說：「你們要彼此相愛，像我愛你們一樣；這就是我的命令」(約十五 12)。

要掌握耶穌這愛的呼召的完整涵義可不容易。耶穌要求我們愛的對象，是將仇敵也包括在內，而不僅是友善的近鄰。這愛與我們的慾望、渴求、期待都是相左的。我們對愛的理解，很受我們的人際關係觀念影響，這包括對方是否吸引、大家是否合得來、性方面的魅力、文化方面的交流。我們委實難以相信，上帝的愛遠遠超越這一切。

觀乎基督教歷史，愛仇敵往往被視為聖潔的核心。二十世紀希臘正教修士息羅盎(Staretz Silouan)說：「為仇敵禱告，平安會臨到你。愛仇敵，就可確定上帝大恩常駐你心。」[3]

能否饒恕仇敵，體現了我們能否去愛。正如耶穌饒恕仇敵（路二十三34），我們也要饒恕仇敵。基督教首位殉道士司提反被人用石頭打死前，效法主禱告說：「主啊，不要將這罪歸於他們！」（徒七60）。這當然不是易事，因為我們雖然聽到上帝的聲音，說我們蒙祂所愛，但仍然會渴求注意力、眷愛、影響力、權力。這些渴求源於我們的傷患，而且仿似永難滿足。當我們試圖理解這些傷患的緣由，就會發現很多都是別人加諸我們身上的，而他們自己也是大有渴求的人。這些傷患和渴求，似乎可以追溯到許多世代之前。當我們嘗試不去傷害別人，又會發現無論如何努力，對方還是會覺得我們拒絕、誤會、傷害了他們。

由此看來，傷患和渴求真是糾繞不清，既可以追溯到很遠的過去，也延伸到我們的將來。這幅圖畫驅使我們將愛化為一種機械式交易：「我會愛你——如果你愛我；我會向你付出——如果你向我付出；我會借給你——如果你如數借給我。」假若依舊在人羣裏尋求自我的價值和意義，至終就會將世人分為兩類：幫助我們的、敵擋我們的；接納我們的、拒絕我們的——簡言之：朋友、仇敵。

基督的福音釋放我們，救我們脱離傷患和渴求的捆鎖，因為它向我們啟示一種憐憫，叫我們不再只懂得回應自己那源於傷患的渴求。它讓我們發現一種接納，這接納先存於任何人間的接納或拒絕。這起初的愛是包容一切的：有能力愛朋友，也有能力愛仇敵。這愛有能力改變我們。這愛令我們成為「至高者」的兒女，祂「恩待那忘恩的和作惡的」（路六35），「叫日頭照好人，也照歹人；降雨給義人，也給不義的人」（太五45）。

當我們的愛源於上帝的愛，就不再將人分為兩類：一類配得我們的愛、一類不配得我們的愛。這愛讓我們有新的眼光，看到愛我們的上帝，以相同的愛愛他們。我們毋須與其他人比較，來決定自己的身分。像基督那樣愛人，乃是投身於屬天之愛當中，這屬天之愛的對象不分朋友和仇敵。馬丁．路德．金（Martin Luther King, Jr.）説：「上帝的愛（*agape*）在人心中運行，湧流而出，不求任何回報。我們以這樣的愛去愛人，並非出於喜歡對方，又或對方擁有屬天的光彩。我們愛全人類，因為上帝愛全人類。」[4]

在某方面而言，仇敵之為仇敵，無非是因為我們堅持要排斥他們，在心中反對他們獲得上帝的愛。耶穌說：「你們要慈悲，像你們的父慈悲一樣。你們不要論斷人，就不被論斷；你們不要定人的罪，就不被定罪；你們要饒恕人，就必蒙饒恕」(路六 36～37)。

在此我們還學到：上帝的大愛令我們謙卑，令我們內心貧乏。「貧窮的人有福了。」這是耶穌說的，記在登山寶訓。留意，耶穌不是說「照顧窮人的人有福了」(雖然耶穌在別的地方肯定稱許過那些幫助「最小的」及窮困者的人)。在某種意義而言，基督身體的所有成員都是貧窮的，但當我們相聚一起，分享彼此的窮困與脆弱，就是在互相付出與領受。

在我們的貧窮中，藏著極大的福氣，因為上帝定意在脆弱與破碎——而不是倨傲的姿態或操控的權柄——中彰顯祂的榮耀。這是十字架教導我們的新道理。當約翰福音的作者注目十字架上的基督，他看到有血和水從基督的肋旁流出來(約十九 34)。我們也看見有恩賜從擘開的身體而出，這恩賜賜予新生命給我們的羣體、我們的人際關係。我們會受苦，與其他人一同受苦，但藉著受苦，我們會發現上帝的同在，祂的安慰支撐著我們向前。

獨自受苦、與其他人一同受苦，二者感受迥異。就算苦痛徘徊不去，若有人來到身旁一起分擔，感受判然有別。這種撫慰的最完整最有力例子，莫過於道成肉身，就是上帝臨到我們中間——進到我們的生命裏——提醒我們：「我與你同在，每時每刻，各地各方。」在基督裏，上帝在我們患難之時親近我們：嬰孩或少年的痛，青年或老年的苦，失業者與喪偶者的哀……沒有任何人間患難，是在上帝的經驗以外的。這是上帝道成肉身住在我們中間的美妙大奧祕。上帝成了我們哀哭的一部分，然後邀請我們學習跳舞——並非獨自跳舞，而是與人共舞，藉著付出與領受，分嘗上帝的憐憫。

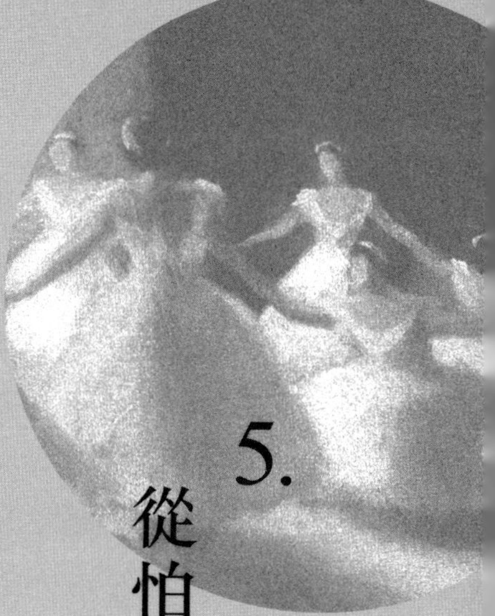

5. 從怕死到樂活

我曾經有過兩次非常接近死亡的經歷。第一次與死亡擦身而過是在一個市郊，我走在路上，被一輛客貨車撞至不省人事，醒來時身在醫院，眼前都是護士醫生的關切眼神。

沒過幾年，我又進了醫院，這次患了嚴重的感染症。其時我忙碌過度，身心疲憊，面對病魔屢戰屢敗，名副其實命懸一線。

在那樣的時刻，死亡不再是意識邊緣的瑣屑小事。當我從瀕死邊緣恢復康健後，才察覺世上太少人有面對死亡的預備。我所認識的大多數人都沒有任何預備，除非死亡迫在眉睫。我們何等漠視死亡的存在，雖然死亡就在身邊！我們也常忘記另一事實：在上帝的藍圖中，我們的生命乃是一幅大圖畫的一小部分，這幅大圖畫的內涵，遠遠超越生死的領域。

此刻我有個朋友病危，我多渴望他得醫治！但我也知道，對他來説——同時對所有人來説——最終醫治的精義所在，不止於脱離身體的病症與朽壞。不論是三十年還是九十年，人活著，就有機會領受一份隱藏的禮物，就是從上帝來的恩賜——接受一種實在：人生雖然艱難，但我們卻可以在其中與上帝深交，成長。尋獲醫治，就是全然歸屬於上帝，獲得恆久不息的愛與生命。這更關乎「先求上帝的國」、滿足心底的渴望，多於身體的狀況。

要如此面對死亡，並非訴諸多愁善感。相反，它指向對生命的禮讚：我們是上帝所愛的兒女，因此無論餘生多少，都是通向將來的路徑。造我們、在我們出生前已稱我們為「蒙愛的」的上帝，祂與我們同在，住在我們裏面。就算在死亡的現實面前、就算我們傾向漠視或逃避死亡的現實，但鐵一般的事實是：沒有任何物事能叫我們與上帝的愛隔絕，這愛是在基督裏的。我們能否超越生死，過喜樂的人生，關乎能否在每件事上辨明上帝的愛語。然而在日常生活中，我們極少具備永恆的眼光。能否具備這樣的眼光，重要的不是人生的最後一程，而是平素的日子。

囿於人性

平素的日子不斷提醒我們內在的破碎、外在的艱困。家庭的爭執、工作的壓力、朋友間的衝突，都令我們感到自卑、微不足道。疾病或長期痛症，提醒我們身體的脆弱。我們又常內疚或羞愧，因為容易做錯決定或傷害他人。有時又自覺受困於人性，深切體會事與願違的無奈。

我們想方設法要逃脱人性的拘囿。我們以為錢財可以拯救我們，不然就是另一份差事、另一個配偶、更好的房子、新的健康餐單/運動計劃、更透徹的自我認識……這些改變進路統統是「從下而來」，我們就像綿羊困於荊棘叢內，愈是掙扎愈是糾纏得緊。

誠然，我們有時也許需要努力求變，偶爾抓狂可以是好事，因為歸根究柢，我們的心不會滿足於一點活力或一點愛，我們渴慕的是完全的活力及完全的愛，因為我們的心是上帝造的，有上帝的特質，而上帝的心是無邊無際的。我們的心總會渴慕更多。

我們所提出的改變，還有新計劃、新方案、自助療程，至終不能夠釋放我們，因為我們不過是繼續在人的死亡制限中打滾。人人終有一死，無人可以逃離人的極限，我們必須時刻記著：人終有一天會死。

這事實可以打垮我們，也實在令一些人絕望不已。但我們也可以從人生的失望中獲得明辨的機會，積極反思人的死亡。出生、上學、讀大學、結婚、上班、退休……這些統統是放棄熟悉事物的機會，讓我們經歷「小型死亡」，又提醒我們恐懼與愛生於同一時刻，兩者在人生中是難以斷然區分的。但在接觸這些小型死亡之際，我們同時遇見了生命。這些事令我們學會放手，又裝備我們去發掘一個我們前所未知的生命旅程。

人生是學校，我們在當中受裝備，就是為了離開。克己（mortification）的真正意思是：受訓迎見死亡，與過去的羈絆一刀兩斷。因此所謂的死亡不再是驚嚇，卻成了一條路徑，通向整全的人性。

視線以外

既然死亡近在咫尺，為何不好好預備迎見它呢？按我觀察，我們的文化十分避諱死亡，總要粉飾遮掩，言不及義。我們難以想像從困難和死亡中可以獲得甚麼益處。有人受苦，我們只想避開；有人過世，我們不想聽到死訊。我們會說「他走了」，或是「她離開了我們」。凡人都有一死，這是鐵一般的事實，但我們將死亡視為最不真實的東西。就連埋葬死人的方式，在我眼中也是一種巧妙的否認死亡的做法。我們將死亡藏在眾人視線以外。所愛的人死了，我們用鮮花圍繞他們，又在悉心裝飾的禮堂裏為死者哀悼。我們盡可能不讓死人出現在眼前，更致力確保不讓孩童看見。

我有個朋友，家中鳥籠養著一隻小鳥。有個清晨他發現鳥兒死了。他害怕年幼的兒子看見，於是馬上跑到寵物店，買了一隻同種的小鳥回來放在籠中，免得兒子看見沒有生命的鳥屍。他不想告訴兒子生命是不能永活下去的。我的朋友不理會新買的鳥根本不是死去的那隻鳥——牠們根本不可能等同。出於恐懼，他背棄了一個信念：每個生命都是獨一無二的。人有時為了避免面對死亡，可以不計代價，就算漠視了每個獨特生命的獨有價值。

在我們與其他人的交往中，有時候我們彷彿更傾向接受一種幻覺：自己是長生不死的。我們忘記了大家只能夠相見一段不長的日子。你或我可能明天、下週、明年就不在了。我們避談死亡，而非珍惜人生的可貴。

誠然，不避談死亡的人，也可能會美化了它。極具諷刺的是，我們的社會在否定死亡的同時，也在迷戀死亡，這尤其見諸娛樂界：陰森的暴力意象、歌頌死亡的歌詞。這也見諸軍政界：天文數字的國防預算與武器開支、膜拜戰爭的人。我們丟棄對死亡的合理哀悼，以不合情理甚至煽情失實的觀點取而代之。

耶穌卻呼喚我們以直率、清醒的眼光看待死亡。請看約翰福音記述耶穌如何叫拉撒路從死裏復活。也許我們就像這故事中的旁觀者，只對起死回生的神蹟感興趣。我們會留意到醫治的應許，卻不容易看到關顧：與人共患難、同受苦。我們不想看見的，是耶穌的眼淚與哀愁——卻是這兩樣物事，驅使耶穌向天父禱告。

耶穌不想我們逃避直面死亡的時刻。祂刻意在拉撒路死後數天，才去到哀悼拉撒路的所在，這豈是偶然？耶穌一早就收到拉撒路病重的消息，但祂仍等了幾天。也許祂想確保所有人都看見拉撒路真的死了？當耶穌吩咐人將拉撒路的墳墓打開，拉撒路的姊姊馬大立即制止，說：「他現在必是臭了，因為他死了已經四天了」(約十一 39)。耶穌行這起死回生的神蹟，乃是出於祂的眼淚，以及從心底發出的歎息。

我們的死，可以成為榮耀的記號。耶穌顯明了人的生命有多寶貴：祂哭泣，祂哀慟；祂的哀慟帶來新生命。藉著死亡，我們深深觸及生命。在我還是孩子的時候，我想成為例外，我不想要死亡或受苦。如今我明白了，上帝想我分嘗死的滋味，而在這當中，祂會鞏固我的盼望。

失喪中的教訓

當然，困擾我們的不僅有死亡，還有死亡的過程。身體心智的慢慢衰敗、癌細胞擴散的痛楚、成為友人的拖累、喪失活動的能力、逐漸失去對人對事的記憶、懷疑身邊的人為了「保護」自己而不告知全部真相——這些恐懼都可以理解。難怪我們有時會說：「我希望不會拖得太久。我希望可以死於突發心臟病，而不是長期疾病。」連自己的離世，我們也想掌控、安排。

但不論何時死、怎樣死，我們都無可避免要放棄對控制的堅持。何謂死亡？我沒有答案，你也沒有答案。我們不得不承認的是，死亡的方式真是人各不同、天下無雙。誰可預料呢？但有一件事是肯定的：在死亡中，我們是縱身一跳，全然放手，毫無保留，放棄已知的安舒境地——不論樂意與否。死亡有時像西奈曠野那麼乾涸，又像十字架那麼孤單。試想想我們信仰路上的先行者：摩西帶領百姓出埃及，卻無法知道路途中的每個轉折點；耶穌投身難以言喻的幽暗，在十字架上呼喊：「我的上帝，我的上帝，為甚麼離棄我？」（太二十七46），卻沒有從十字架上下來，而是順服天父的旨意，救贖世界。

我們不知道今世以後的事。我們不可能肯定地預知將來的任何事。任何出於幻想的企圖，妄想具體地實現願望，從而填滿心靈的空洞，都是信心軟弱的標記，而不是盼望堅定的記號。信心要求我們跳出去，伏下來，信靠上帝在某時某刻會接我們入懷，領我們歸家。

心存這樣的信念，我們可以勝過恐懼，不再逃避，面對死亡。我們可以活得更好，因為毋須費勁去忘卻難以預料之事。要學會面對死亡，關乎在日常生活中有這樣的覺醒：我們是上帝的兒女，祂的愛勝過死亡。我們愈明白這事，就愈能夠漸漸地不再緊抓己所擁有的物事，不再強求此時此刻必須活在安全境地。我們承認不知道明天會有甚麼遭遇，所愛的人會說甚麼、做甚麼，上帝明年在我們身上有甚麼計劃……但這並不會使我們氣餒，因為我們提醒自己：若不定意選擇冒險，就永遠不會知道答案。

假若知道了明天有困難、不明朗，並面對種種提醒我們有限壽數之事，卻仍然能夠享受當下，我們就是學會了投向我們所信靠的上帝的懷抱。我們離開了安舒區，開始探索新領域。我們突破了天生的守舊圍牆，不再安於己所擁有、認識、囤積之事。然後，藉著向上帝順服，我們經驗了釋放；我們學會將憂慮化為盼望，將死亡化為「出埃及」。

記得耶穌在登山變像的榮耀時刻，向摩西和以利亞說了甚麼嗎？

> 耶穌帶著彼得、雅各、約翰暗暗地上了高山，就在他們面前變了形像，衣服放光，極其潔白，地上漂布的，沒有一個能漂得那樣白。忽然，有以利亞同摩西向他們顯現，並且和耶穌說話。彼得對耶穌

說：「拉比，我們在這裏真好！可以搭三座棚，一座為你，一座為摩西，一座為以利亞。」彼得不知道說甚麼才好，因為他們甚是懼怕。有一朵雲彩來遮蓋他們；也有聲音從雲彩裏出來，說：「這是我的愛子，你們要聽他。」門徒忽然周圍一看，不再見一人，只見耶穌同他們在那裏。

下山的時候，耶穌囑咐他們說：「人子還沒有從死裏復活，你們不要將所看見的告訴人。」門徒將這話存記在心，彼此議論「從死裏復活」是甚麼意思。他們就問耶穌說：「文士為甚麼說以利亞必須先來？」耶穌說：「以利亞固然先來復興萬事；經上不是指著人子說，他要受許多的苦被人輕慢呢？我告訴你們，以利亞已經來了，他們也任意待他，正如經上所指著他的話。」

（可九 2～12）

就在這璀璨耀眼的狂喜時刻，耶穌談論到自己的受苦與受死。耶穌對帶領百姓出埃及入應許地的領袖提到新的，也是最後的「出埃及」——經過死亡走進復活的「出埃及」，為所有跟從耶穌的人而設的「出埃及」。耶穌必須走過黑暗進入光明，走過苦難進入救贖，走過痛楚進入醫治；但上帝的能力覆庇耶穌，叫耶穌出死入生。

假若死亡沒有成為當下的一部分，就不能化為進入將來的「出埃及」。當我們不再緊抓自己所擁有、認識、囤積的物事，藉著信靠順服上帝，我們將會獲得自由。那時，我們的憂傷不再使我們麻木，而是引領我們通往喜樂，甚至通向前所不能預料或預見之事，以至我們自己的死亡。事實上，新約聖經所描述的永生是在當下開始的：「你看父賜給我們是何等的慈愛，使我們得稱為上帝的兒女；我們也真是他的兒女。……親愛的弟兄啊，我們現在是上帝的兒女，將來如何，還未顯明；但我們知道，主若顯現，我們必要像他，因為必得見他的真體」（約壹三 1～2）。

無法撼動的應許

上述都是千真萬確的，卻不等於我們的信念不會再受考驗。在死亡的面前，我們還是會有被遺棄的感受。新約聖經稱死亡為「最後仇敵」（林前十五 26，《和修版》）是有原因的。耶穌在十字架上與死亡相遇，付上極大代價。祂以詩篇二十二篇中的痛苦呼喊，道出死亡有時所意味的遺棄：「我的上帝，我的上帝！為甚麼離棄我？」（詩二十二1）。

耶穌在垂死中的呼喊，提醒我們可以如何用詩篇二十二篇祈禱：儘管面對種種患難，仍信靠上帝會實現祂的應許；在我們的苦困中，祂必與我們同在。有留意到一事嗎？詩人即使自覺陷入被遺棄的孤絕，仍然向上帝發出呼求。「不在」與「同在」就此交會，在極痛苦極孤絕中發出極親密的祈禱：「我的上帝，我的上帝」。詩人恐怕上帝已經轉臉不看他了，但這樣一位上帝，詩人仍能求告祂，也真的向祂呼求。看似遠離我們的上帝，是我們可以呼求的那一位。

的確，詩人在面對犬類威嚇時的戰抖中，仍察覺上帝的恩手同在。他等候上帝的話語從獅子的咆哮而出。他在野牛的尖角前，發現上帝的撫慰傾瀉。當他渾身患病，又遭遇不義苦待，仍感覺到全能主的恩手。在仇敵環伺時，他仍聽到上帝的邀請，邀請他與上帝同在。他記得上帝昔日的作為：「我們的祖宗倚靠你；他們倚靠你，你便解救他們」(詩二十二 4)。

我們不要只著眼於詩人，甚至不要只著眼於被釘十字架的耶穌——祂為殺害自己的人祈禱。我們也要著眼於那些被囚在集中營內，卻為折磨自己的人祈禱的猶太人，還有那些即使在蘇丹或南美洲的絕境苦苦掙扎，卻毋忘求告上帝的人。基督在世的旅程，並非在十字架上告終。在往以馬忤斯的路上，我們見證了人間畫像如何從失望化為盼望。在耶穌復活後向門徒顯現的所有時刻，祂勝過死亡，我們由此看見一種肯定，使門徒不致落入失望。這令我們生出盼望：從生到死的一段旅程，終點原來是出死入生。

道別

「我去是與你們有益的……」門徒知道耶穌受死的時候近了，既害怕又困惑，耶穌開始向他們講解(約十六 7)。當天耶穌教導的主題是「離開」，祂講的包括遺留、離去、道別、祝願。人乍聞這些話，心中不免戚戚然。你若曾在碼頭、機場、火車站見過人們送行，就必見過許多落淚的場面：至親分離，友人分別。

耶穌的道別卻呈現出另一種氣氛。祂宣告祂的離去縱然帶來哀傷，卻同時是一個應許：「我去是與你們有益的；我若不去，保惠師就不到你們這裏來；我若去，就差他來」（約十六7）。耶穌這段話令「離開」失去了殺傷力。門徒不會再見到耶穌，卻能時刻經驗耶穌差來的聖靈的同在。痛苦與喜樂、憂愁與自由、失去朋友與獲得朋友，都不再是對立的事，而是可兼容於無法言喻的深刻盼望中。因為就算在最重大的損失中，上帝也會與我們同行，祂是我們最親密的伙伴。

因此，我們不但要面對自己的死，更要樂意接受我們所識、所愛、同住的人的死。離開是人生的一種景況，是基督徒可從中成長的景況。耶穌與門徒的道別，表明人生乃是不斷離開熟悉的環境，進到永恆的境地；離開我們短暫享受的事，進到我們將要永遠享受的事。我們都要經驗他人的離開，他們是這世界必然過渡的一部分。

我們如何對親愛的人放手？乃是藉著追念他們、追念自己。從我們離開安全的娘胎那一刻起，就準備好了自行呼吸，長大成人。其後我們離開家庭的安樂窩——在那裏我們是眾人的關顧焦點——進到學校，有機會考驗自己的潛能，並與其他人建立友誼。然後我們離開家人，進入大學，有自由去重新衡量自己獲賜的東西，並整合我們認為有意義的物事。然後我們離開父母，結婚或成為神職人員，接受挑戰去建立家庭或服事他人。然後我們退休，也許終於有機會實現一拖再拖的計劃：好好活出生命要義。

假如人生是不斷的離開，不斷向過去死，為要尋求更多獨立、自由、真理；假如最後的離開，可以讓我們獲得最後的獨立、自由、真理，而我們一生都在探索這些，那麼我們所愛的人何嘗不是也在領受這些呢？

死亡因此不再是人類殘忍的命運，將一切努力摧毀，將生存化做笑話，將創意粉碎為無意義的瑣屑。死亡原來指向更深刻的體悟。基督的離開告訴我們，我們能夠去愛，並非與死亡無關；我們能夠去愛，正是因為死亡的存在。讓我給你講一個故事吧。

從前有個小伙子，住在大城市，每個黃昏都去同一家餐廳用膳，而且坐在同一個位子。他覺得很孤單。有一天他留意到桌上插著一朵漂亮的玫瑰花，突然一股暖意在心中泛起。其後每天他在用餐時，都用心看這花。他有時哀愁，有時開心，有時漠然，有時憤怒，但不管他情緒如何不同，他留意到那朵花總是一模一樣。他摸不著頭腦。

終於有一天，他決定要觸摸那朵花——他從來不敢那樣做。當他的手指碰到硬硬的葉子，他猛然發現那朵玫瑰不是真花。那是一朵塑料花。小伙子怒不可遏，一躍而起，將玫瑰花從乾乾的花瓶中拔出，用力揉捏花瓣和葉子。他泣不成聲，感到前所未有的孤單。

我們受造不是為了去愛一些長生不死的物事。惟有那些無可取代、獨一無二、壽數有限的物事，才可觸發我們心底的感動，成為盼望與安慰的泉源。上帝何時變成我們愛的對象？就是當祂的生命接受了限制之時。祂成為我們的救主，因為祂的死不具毀滅性，而是通往盼望之路。

我們親眼見過太多人離開了，他們包括偉大的領袖、親愛的朋友，還有不少不知名卻與我們息息相關的人。我們愛他們，因為他們不可取代，因為他們是人。也許我們可以透過基督的道別，看到就連離別的日子，也能成為盼望的日子，為聖靈預備道路，叫我們敞開原本讓恐懼佔據的心門，進到完全的自由、完全的真理之中。

我們還要感恩。小說《我名叫亞撒里夫》(*My Name Is Asher Lev*)的主角兼敘事者發現了感恩的精義。他從小渴望當個畫家。

我也畫畫，我的畫法源於我看著父親怎樣觀察一隻躺在我家附近的路邊的小鳥。那一天是安息日，我們從會堂走回家。

「爸爸，牠是否死了？」我當時六歲，沒有膽量逼自己查看。

「嗯，是的。」我覺得他的語氣帶著哀傷與縹緲。

「牠為甚會死啊？」

「所有生物都會死。」

「所有生物？」

「對啊。」

「爸爸，你也會死嗎？媽媽也會死嗎？」

「會啊。」

「我也會死嗎？」

「會啊。」他說。半晌，他又說：「不過，亞撒啊，希望你可以先有一個悠長美好的人生，然後才死去。」

我無法理解爸爸的話。我強迫自己去看那隻鳥。所有活著的東西，有一天都會像這小鳥那樣一動不動？

「這是為甚麼呢？」我問道。

「亞撒，這是宇宙之主所造世界的定律啊。」

「為甚麼呢？」

「正因為這樣，亞撒，生命才珍貴啊。永遠屬於你的東西，不可能是珍貴的。」[1]

最終的醫治？

有個朋友在臨終時告訴我：「最終的醫治，就是我可以聽到愛的呼喚，經驗真正的自由，還有心底的渴望得到滿足。」假若能對自己的生命舉重若輕，將自己交託上帝，就能夠與上帝更親近，更懂得感恩——雖然未必可以更受歡迎或更成功。死亡，關乎交出生命主權，將生命交託上帝。我們所領受的，是眼不能見的，不是世上財富所能賦予的；然而它可以是很簡單的物事。

有一天，我在黎明之家的一個崇拜聚會上預備聖餐時，一個語言能力極有限的成員來到我面前，說：「你可以為我祝福嗎？」

「當然了！」我回答說。我舉起雙手，掀起司鐸袍那長長的袖子，準備為她講出一段正規的祝福禱文。

「不是這個！」她高呼。「我要的是真正的祝福。」

她想要的其實是一個擁抱！她想我全神貫注在她身上。我當然樂意滿足她的要求，然後對她說：「你是上帝所愛的，你是獨一無二的。」她感到很滿足。

另一個成員看見了，說：「我也要這個。」然後又有別的成員說同樣的話。其中一個同工，是個二十五歲的小伙子，他在大學畢業後加入我們的羣體，參與事奉。他也來到我面前要我為他祝福。我對他說：「艾文，你在這裏，我很高興。」我把雙手放在他肩上，說：「我這樣懷抱你，就是上帝懷抱你，對你說：『你是我的愛子。』你要相信這話，一生活在這信念中。」他的身體明顯放鬆了，可能從來沒有人對他說過這樣的話，但如今他預備好領受了。

我們羣體中的可憐人、殘疾人，卻最先教曉我們去主動尋求祝福。受苦最多的成了先行者，因著他們的需要，教我們學會重大的教訓。那些可能會比我們許多人早逝的成員，因著他們的殘疾，發現了芸芸眾生心中深藏的渴望。他們找到一種永不止息的盼望。

不論我們如何否認，也不能逃避死亡的現實。我們與生俱來的許多天性與物事，都是我們無法移除的。惟獨上帝——而不是甚麼新事新物——能夠釋放我們，拯救我們。惟獨從天而來的那一位做得到。耶穌會這樣對我們說：「我想賜給你我的愛、我的心、我的氣息，就是聖靈。我想將你領進我的愛之境——不是在你死後，乃是此生此刻，好讓你嘗到被饒恕、被愛、被釋放的滋味。」

當死亡臨到我們所愛的人，我們仍會哀慟傷痛。當死亡逼近我們，我們當然難免膽顫心驚。我們會受各樣的苦，但這些都像生產之苦，可以帶來新生命，為我們的世界帶來新生命。面對死亡，我們就能經驗生命，這是否認死亡所無法達至的。邀請上帝進到我們的哀慟中，我們就不再孤單獨行。

直面死亡，至終令我們活得更好。帶著上帝的喜樂跳舞吧，不論在愁雲慘霧的暗夜，還是充滿盼望的清晨。

本書選材來源一覽

導論

一九九二年手稿“A Time to Mourn, a Time to Dance”。

第一章

一九九二年手稿“A Time to Mourn, a Time to Dance”。

一九九四年七月二十六日於 Loyola University 演講的紀錄“Our Story, Our Wisdom”（頁 27），由 Sisters of Mercy, Burlingame Community 的 Ellen FitzGerald 修女記錄、撮要。

一九七七年二月三日教學筆記“Ministry and Spirituality”。

一九七八年十月十九日教學筆記“The Life and Works of Thomas Merton”。

一九七三年四月十五日（棕枝主日）講章“Sermon delivered at

Trinity Church on the Green”。

一九九二年十月二十九日 Ministry of Money Retreat 講稿“Staying Home”。

第二章

一九六〇年手稿“It is my Pleasure to Give as Much to the Latecomer as to Thee”。

一九七四年授課筆記“From Illusion to Prayer”。

手稿“Contemplation and Action: a sermon preached at St. Paul’s Church, Columbia University on December 10, 1978”。

一九九二年（？）手稿“Life of the Beloved, Life of Joy”。

一九八四年四月手稿“The Mystery of the Passion”。

一九八六～一九九二年黎明之家檔案“Psalm Course”。

一九八五年六月於 Presbyterian Peace Fellowship, Indianapolis 早餐會講章“The Power of Love and the Power of Fear”。

手稿“A Sermon for Jeff Merkle”。

一九七一～一九七四年將臨期講章。

一九七三年四月二十八日手稿“From Resentment to Gratitude”。

一九九三年十一月十一日於 St James’ Church 分享的手稿“An

Evening with Henri Nouwen”。

第三章

一九七九年八月十二日手稿“Brothers and Sisters in Christ”。

一九八四年四月手稿“The Mystery of the Passion”。

一九八四年春季教學材料“Healing”，載於“Introduction to the Spiritual Life”。

一九九二年十月二十九日 Ministry of Money Retreat 講稿“Staying Home”。

一九七三年手稿“How Do We Keep Our Lamps Burning?”。

一九七七年一月二十日教學材料“Ministry and Spirituality”。

一九七八年十一月十五日教學材料“The Life and Works of Thomas Merton”。

一九七三年九月十五日手稿“Words for Walter Gaffney and Jet Rogers on the day of the day of their wedding”。

一九七一～一九八一年手稿“Be Renewed in the Spirit of the Mind”。

第四章

一九八三年手稿“Reflections on Compassion”。

一九七一～一九八一年手稿"Confession and Forgiveness"。

一九七八年十一月十五日教學材料"The Life and Works of Thomas Merton"。

一九七一～一九八一年手稿"About Zacchaeus, Who Climbed the Sycamore Tree"。

一九九二年手稿"A Time to Mourn, a Time to Dance"。

一九八四年春季教學材料"Introduction to the Spiritual Life"。

一九七五年教學材料"Ministry and Spirituality"。

一九九三年十一月十一日於 St James' Church 分享的手稿"An Evening with Henri Nouwen"。

一九七七年四月十九日教學材料"Ministry and Spirituality"。

第五章

一九九二～一九九六手稿"Preparing for Death"。

一九九二年（？）手稿"Life of the Beloved, Life of Joy"。

一九七一～一九八一年手稿"Death and Christ"。

一九七一～一九八一年手稿"Sermon on the Transfiguration"。

一九八五年六月 Presbyterian Peace Fellowship, Indianapolis 早餐會講章"The Power of Love and the Power of Fear"。

一九六六～一九七一年（？）手稿“On Departure”。

一九九一年錄音紀錄“Spiritual Living and Ministry”。

一九九一年二月八日於 Scarritt-Bennett Center, Nashville 演講的錄音紀錄“Deepening a Prayer Life”。

上述材料藏於多倫多聖米迦勒大學凱里圖書館盧雲檔案室，查詢請聯絡 Gabrielle Earnshaw（網址：nouwen.archives@utoronto.ca），亦可瀏覽 www.nouwen.net。

註釋

第二章

1. C. S. Lewis, *The Four Loves* (New York: Harcourt, 1960), 169.
2. Simone Weil, *Waiting for God* (New York: G. P. Putnam's, 1951), 111～112.

第三章

1. Albert Nolan, *Jesus before Christianity* (Maryknoll, N.Y.: Orbis, 1976, 1978), 32.
2. Weil, *Waiting for God*, 109～111.
3. Thomas Merton, *The Literary Essays of Thomas Merton*, ed. Brother Patrick Hart, (New York: New Directions, 1981), 500.

第四章

1. Arno Gruen, *The Betrayal of the Self* (New York: Grove, 1988), 281.
2. Thomas Merton, *Contemplation in a World of Action* (New York: Doubleday, 1973), 178 ~ 179.
3. Sergius Bolshakoff, *Russian Mystics* (Kalamazoo, Mich.: Cistercian, 1977), 253.
4. Martin Luther King Jr., *Strength to Love* (Philadelphia: Fortress, 1981), 47 ~ 55.

第五章

1. Chaim Potok, *My Name Is Asher Lev* (New York: Knopf, 1972), 156.

Brief portions of chapters 1 and 2 appeared in *The New Oxford Review* under the title "The Duet of the Holy Spirit: When Mourning and Dancing Are One," June 1992 and also in *Catholic New Times*. Used by permission.

The story of the trapeze artists appeared originally in *HIV/AIDS: The Second Decade* © The National Catholic AIDS Network Inc.

A portion of chapter 1 first appeared in "All Is Grace," an article in *Weavings* 7:38 ~ 41 (November December 1992).

Brief passages in this book adapted from transcripts of Henri Nouwen's speeches appeared also in *The Road to Peace*, edited by John Dear and published by Orbis Books, 1988.